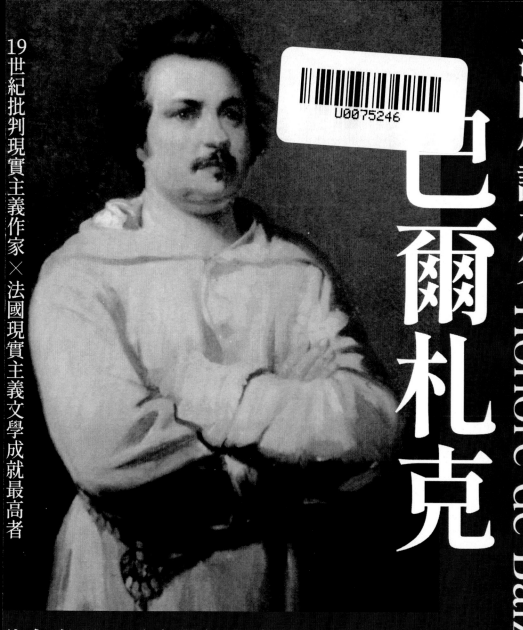

法國 小說之父 Honoré de Balzac

巴爾札克

19世紀批判現實主義作家 × 法國現實主義文學成就最高者

社會鷹眼，看穿階級與金錢的糜爛塵世；
筆底流光，兩千凡人無非是主角

獨具個性的幻想，人性醜陋的揭露，
以文字譜寫出上流社會必然崩潰的一曲無盡輓歌

混跡市井，用心觀察並吸收萬千人物的
生命故事，賦予筆尖深刻且細膩的情感

目錄

序

得不到父母關愛 ………………………………… 7

深受家庭的影響 ………………………………… 16

寄宿學校的生活 ………………………………… 22

父母親的期望 …………………………………… 28

大學實習生活 …………………………………… 32

畢業後的抉擇 …………………………………… 36

達成父子協議 …………………………………… 41

第一間工作室 …………………………………… 44

首次創作失敗 …………………………………… 57

轉戰商業小說 …………………………………… 65

摯友終生難忘 …………………………………… 75

嘗試經商失敗 …………………………………… 81

陋室裡筆耕不輟 ………………………………… 88

首部署名的作品 ………………………………… 95

取得了初步成功 ………………………………… 109

為還債四處躲避 ………………………………… 122

為生活拚命寫作 ………………………………… 129

夜以繼日地工作 ………………………………… 143

創作了歷史巨著 ………………………………… 164

碩果累累的作品 ………………………………… 178

目錄

完成《人間喜劇》 …………………………………… 191

大作家抱憾而終 …………………………………… 204

附錄：巴爾札克年譜

序

歐諾黑‧德‧巴爾札克（Honoré de Balzac，1799～1850），法國 19 世紀偉大的現實主義作家，歐洲現實主義文學的奠基人和傑出代表，法國現實主義文學成就最高者之一。

巴爾札克生於法國中部的圖爾城。他的家庭是法國大革命後致富的資產階級家庭。1814 年，巴爾札克隨父母遷往巴黎。17 歲入法律學校就讀，同時旁聽巴黎大學的文學講座，獲得文學學士銜。

1829 年，巴爾札克出版了長篇小說《舒昂黨人》初步奠定了他在文學界的地位。1831 年發表的長篇小說《驢皮記》為他贏得聲譽，使之成為法國最負盛名的作家之一。

1841 年，在但丁《神曲》的啟示下，巴爾札克正式把自己作品的總名定為《人間喜劇》。

1829～1849 年，巴爾札克共為《人間喜劇》寫出了 91 部作品。其中，長篇小說《歐也妮‧葛朗臺》、《高老頭》、《幻滅》、《農民》、《貝姨》等，均顯示出這位偉大小說家的才華。

1850 年 8 月 18 日，巴爾札克由於長期高負荷的工作，需要飲用大量咖啡，患血熱症去世，享年 51 歲。

巴爾札克素有文學拿破崙之稱。他一生塑造了 2,400 多個人物，充分展示了 19 世紀上半葉的法國社會生活。巴爾札克的《人間喜劇》被認為是人類文學史上罕見的文學豐碑，是法國社會的「百科全書」。

序

　　在《人間喜劇》中，巴爾札克闡述了他的現實主義創作方法和基本原則，從理論上為法國現實主義文學奠定了基礎。其中以《歐也妮·葛朗臺》和《高老頭》兩篇小說最為著名。

　　《人間喜劇》是巴爾札克的多卷本巨著，是巴爾札克以畢生精力完成的心血結晶，這套書全面反映了法國的社會風俗史，再現了1816 年至 1848 年，也就是王政復辟到七月王朝期間廣闊的社會圖景，堪稱人類精神文明的奇蹟。

　　在這裡，它以清醒的現實主義筆觸，被恩格斯譽為「一部法國社會，特別是巴黎上流社會的卓越的現實主義歷史」。

　　巴爾札克的創作為小說開闢了一個新天地，使小說獲得了空前的表現力。他的作品藝術氣魄宏偉、生氣勃勃，和現實生活一樣豐富多彩，卻比現實更加集中、凝練和強烈。巴爾札克以自己的創作在世界文學史上建立不朽的豐碑。

　　隨著巴爾札克在法國文壇蒸蒸日上，他漸漸被同時代的作家所認識。哥提耶第一個站出來熱情地讚揚巴爾札克的天才。此後喬治·桑、波德萊爾、福樓拜、左拉都對他讚譽有加。

　　雨果甚至在巴爾札克的葬禮上說：「在最偉大的人物中間，巴爾札克屬於頭等的一個；在最優秀的人物中間，巴爾札克是出類拔萃的一個。他的才智是驚人的、不同凡響的，成就不是眼下說得盡的。」

　　巴爾札克不僅在法國文學史上成績斐然，在世界文學史中也占據著舉足輕重的地位。

　　在過去的 100 多年中，巴爾札克的作品在全世界廣泛傳播，對世界文學的發展和人類的進步產生了巨大的影響。馬克思、恩格斯稱讚他「超群的小說家」、「現實主義大師」。

得不到父母關愛

在 1799 年 5 月 20 日的這一天,一位舉世聞名的文學巨匠降臨到人間,他就是有著傳奇一生的、無與倫比的偉大作家,傳世名著《人間喜劇》的作者巴爾札克。

巴爾札克,全名歐諾黑·德·巴爾札克,他誕生在法國一個名叫圖爾的城市。這座城市坐落在號稱法國母親河的羅亞爾河畔,距離巴黎只有 200 英里。圖爾城風光秀美如畫,市內建築極有特色,聚集著一批歐洲聞名的大學。

羅亞爾河是法國最長的河流,它流經法國腹地的中游地帶,景色旖旎,沿岸有許多名勝古蹟。

整個法蘭西民族幾乎都受到了羅亞爾河的滋養,它給予了這個國家人民優雅、浪漫、樂觀的品性和崇尚自由、崇尚愛情的情懷。同時,也哺育了「像天才一樣未經栽培」的巴爾札克。

巴爾札克雖然是父親弗蘭蘇·巴爾札克和母親薩拉比耶·洛爾·莎洛特·安娜的長子。但是,作為家裡的第一個孩子,巴爾札克的降生並沒有受到父母的足夠重視。

其實,早在巴爾札克出生的頭一年,老巴爾札克夫婦剛剛夭折了一個孩子,那個看上去健壯的男孩,在來到這個世上的一個多月後,就不幸死去了。

所以,有鑑於此,當巴爾札克剛剛出生後,這個襁褓中的嬰兒,還沒有享受到母親溫暖的懷抱,就被父母送到郊區的一個奶娘家裡寄養。

得不到父母關愛

這個奶娘是一個貧窮憲兵的妻子，由於生活艱苦，不得不以餵養高貴家庭裡出生的孩子為業，獲得一些微薄的收入，這樣的情況，在 18 世紀至 19 世紀的法國其實是十分普遍的。

對於這對貧苦的夫妻來說，眼前的這個嗷嗷待哺的嬰兒，只不過是在每個月底帶來一些家庭收入的來源，只要把他餵養得健健康康就算完成了使命，當然沒有必要和精力去呵護他幼小的心靈。

而讓他們萬萬沒有想到的是，巴爾札克卻偏偏是個十分敏感的孩子，他與這對夫妻一起生活了 4 年，在這期間，他既沒有感受到來自親生母親的慈愛，也沒有體會到奶娘的溫暖，他只感覺自己是個寄人籬下的、無人關心的、隨時有可能被遺棄的可憐兒。

幸好，過了不久，即 1800 年 9 月 29 日，巴爾札克又有了一個可愛的妹妹來與自己做伴。

這對兄妹由於一起被寄養在陌生人的家裡，萌生了惺惺相惜的感情，他們一起吃、睡、玩，用最簡單的孩子的行為來表達對於彼此的愛和關心。

妹妹從童年時起就給予哥哥溫情，撫慰了巴爾札克善良熱情的靈魂，這也使得即使在成年之後，他們兄妹仍然是幾個孩子中最親密的一對。巴爾札克有什麼高興和不高興的事情，都樂意向妹妹來傾訴，包括他們共同的對於母親的怨恨。

在巴爾札克的許多信件和作品中，人們都可以看到他童年時由於孤寂和被冷落忽視後，所產生的對於父母的怨恨。從他出生開始，他就沒有給父母帶來多少樂趣。

他也沒有得到應有的母愛，只有在每個週末，他才被允許回到那個有著寬敞房間的家裡玩一回，但是卻得不到玩具和任何禮物。他似乎只不過是那個家庭裡並不被重視的客人，從來沒有得到過女主人溫柔慈愛的關心。

他的媽媽，對這個孩子從來沒有親暱的舉動，也沒有慈祥的愛撫和擁抱，她有的僅是一聲聲嚴厲的喝斥。即使在孩子生病的時候，也顧不得陪在孩子身邊。

巴爾札克成年後，不無傷心地控訴說，那是「任何人命運中所不曾遭受的最可怕的童年」。

巴爾札克在郊區憲兵的家裡生活了 4 年後，又被「遣送」到另一個陌生人家裡去當半寄食者，與父母更是聚少離多。即使偶爾相見，自私的父母給予巴爾札克的指責也總是多於溫情。

他們關心的只是兒子掌握了多少禮儀，至於兒子的感情，父親漠不關心，母親則是愛理不理。

這對夫妻成婚之時，巴爾札克的父親已經 50 多歲了，母親卻還是個年輕女孩，夫妻之間年齡跨度達 30 多歲，加上出身背景的不同，使得這對夫妻的性格志趣大不相同。

巴爾札克祖先都是農民。他們本來也不姓巴爾札克，他們的真實姓氏是巴爾薩，一個農民的姓氏。

從前，他的家族只是住在一個小村莊裡，靠幾畝薄田生活。他們需要每天早上把牛群趕到牧場放牧，白天再去耕種一個叫做朗格多克的小地方的田地，日子過得清苦卻也快樂。

雖然這些農民既沒有高大威嚴的城堡，也沒有象徵尊貴顯赫

得不到父母關愛

的紋章；雖然他們做的只不過是把牛群驅向牧場，再汗流浹背地去耕種土地而已，但是這一點並不影響他們子孫的發跡。

巴爾札克的父親弗蘭蘇·巴爾札克便是一個十分幸運的小夥子。1746 年 6 月 22 日，弗蘭蘇·巴爾札克出生在離康奈扎克不遠的一個小村莊上。他是 11 個孩子中的大哥，為人聰明能幹而又機靈善變。

如果不是父親為這個孩子下了進入教會的決定，讓他有機會讀書寫字和學習拉丁文，他可能會長成一個狡點樸實的莊稼漢。

有一段時間，弗蘭蘇·巴爾札克在本村裡做些清閒的事情，例如幫助本地的錄事官做文字書記，又在葡萄園裡幫過工，還常跟在耕犁後面跑。

但是，隨著時間的推移，這個精力旺盛、孔武有力、雄心勃勃的年輕人已經意識到，自己並不喜歡神父們過的那種清幽的生活，他不甘心出家。

弗蘭蘇·巴爾札克長到 20 歲的時候，一件振奮人心的事情發生了，這就是歷史上著名的法國資產階級革命，這是個英雄輩出的時代。

老巴爾札克離開了自己的鄉土，混進了巴黎的生活圈子。起初和許多不顯眼的年輕人一樣，住在簡陋的房子裡。

但是，這個鄉下人與眾不同的是，他很清楚自己在這個城市裡需要什麼，他天生就善於鑽營。

雖然此時，老巴爾札克對如何發家心裡還沒有概念，眼前也沒有確定的職業。

但是，他有著鄉下人那種固執和勇往直前的幹勁，並且勤儉節約又吃苦耐勞，這些精神在後來他兒子的小說中還被熱情地讚美過。

弗蘭蘇·巴爾札克先是利用機會，擠進了當時被視為肥缺的軍需處和軍糧供應處。後來，他又在巴黎的革命市參議會上獲得一席職位，這個職位使他得到不少有用的關係，加上他具有一種根深蒂固的本能，能夠嗅到金錢的氣味，他終於插足到軍隊一個利潤與外快最多的部門，那就是戰時物資軍糧處。軍糧處的黃金線路，是不可避免地會伸到放債人和銀行家們的帳房裡來的。

在這個肥缺上，累積了 30 年後，弗蘭蘇·巴爾札克又獲得了在巴黎的杜麥爾·丹尼耶銀行當主任祕書的體面職務。

巴爾札克曾經說到過「雜貨商人肯定可以成為法國元老，而貴族有時會淪為社會的最底層」，大概講的就是法國大革命的作用。

老巴爾札克就是借助法國大革命帶來的這一點運氣，憑著血肉之勇和善於鑽營的精神，從一個下層農民一躍進入上流社會的。

到了 50 歲，老巴爾札克已經搖身一變成了一個小有資產的、體面的紳士了。在人們看來，老巴爾札克從一個一文不名的、奔忙勞碌、雄心勃勃的小夥子，變成一個令人尊敬的紳士，已經是很了不起的事情了。

但是在弗蘭蘇·巴爾札克自己看來，這一切還不夠圓滿，他還需要一個有著良好教養、年輕、美麗的女郎做自己的妻子，為自己生兒育女。

得不到父母關愛

　　過了不久，這個機會終於來了。51 歲時，這位身心俱健、儀表動人、慣吹法螺並善於拈花惹草的老單身漢，相中了銀行裡一位主任的女兒。

　　這是比他小 32 歲的薩拉比耶‧洛爾‧莎洛特‧安娜小姐。洛爾小姐不僅容貌美麗，而且舉止端莊、談吐文雅，雖然她只是一個小資本家的女兒，但是卻有著貴族小姐們的那種高貴的氣質。另外，洛爾小姐還有著一座價值估計在 12 萬～ 13 萬法郎的莊園作為嫁妝。

　　弗蘭蘇‧巴爾札克先生，用自己的成熟老練和良好的社交技巧，終於如願以償地為自己物色到了一個既有嫁妝，又有門第的理想的妻子。於是，很快他們就結婚了。

　　巴爾札克的母親薩拉比耶‧洛爾‧莎洛特‧安娜是一位典型的小資產階級婦女，有著這個階級婦女的一切通病：多愁善感，羅曼蒂克，有時還有一點歇斯底里。

　　不僅如此，很顯然，巴爾札克的年輕母親，洛爾小姐接受過良好教育，高雅的藝術修養、敏銳的感受力是她那無憂無慮、天性快樂的丈夫所不具備的。

　　這就致使洛爾小姐經常會把對於生活的抱怨，有意無意地轉移到幼小的巴爾札克身上，況且那個時候，她也還是個年輕的女人，還沒有意識到母親的關懷對於孩子的重要性。

　　婚後不久，老巴爾札克開始重新計劃自己的生活，他現在的這個職位雖然看上去還算體面，但是卻已經沒有多少油水可撈了，更何況還要養活未來一家人。

所以，經過幾番周密的思考和權衡，老巴爾札克決意利用故舊的關係，再回到軍隊裡謀職。他的運氣不錯，過了不久就當上了第 22 師軍糧處的監督。

現在，老巴爾札克一家已經移駐到圖爾城生活了，軍糧處的稅收提供了弗蘭蘇·巴爾札克一筆很可觀的收入，加上有妻子的嫁妝作為後盾，他們的生活還是比較殷實的。

巴爾札克出生的這一年，也正是老巴爾札克一家開始活躍在貴族和新興資產階級上層交際圈裡的一年。由於長期的累積和勤儉節約，這一年，老巴爾札克一家從之前狹窄的義大利軍隊街搬入了屬於自己的一棟寬敞明亮的大房子裡，過著十分體面富足的生活。

他們的生活開始講究排場，有一輛自備馬車和大批的奴僕，往來於社會名流之間，甚至是從前趾高氣揚的貴族也是巴爾札克家裡的常客。

巴爾札克的父親性格活躍又天性樂觀，獲得一個體面的婚姻，並且老來得子，這一切都讓他感到知足和快樂。

他迷戀於享樂的生活，整日裡應酬不斷，即便已經步入老年，由於良好的體魄和外貌仍然是很多女人心中美好的異性形象。

巴爾札克的母親，雖然已經是兩個孩子的母親，但是青春和富有加上長期良好的家教，使得她性感成熟、優雅迷人。

夫妻兩個，一個是行政官員，事業順心；另一個熱衷應酬，長袖善舞。這一切，使得這一對並不相愛的夫妻卻有著共同的愛

好，即熱愛名利和熱衷交際，這一點後來也遺傳給了他們天才的兒子。

老巴爾札克一家的官邸位於圖爾市的因達爾盧瓦爾街上，圖爾城的達官貴人們時不時就要來這裡舉辦「沙龍」，那是法國社會很熱衷的一種聯誼活動。

上流社會，甚至是貴族們，都同這位曾在巴黎當過紅色市議員的田舍翁之子往來很密。這些人中間有上議員克萊芒‧德‧瑞，他的神祕案件後來曾被巴爾札克寫在文章裡。

還有德‧龐眉若男爵和德‧馬爾崗先生，這位先生於若干年後，曾在努力掙扎的作家走投無路時，幫過他的大忙。

老巴爾札克還曾應邀參加過市政活動，重大決策時他總是被諮詢意見。即便這個農民的孩子家世寒微，出身卑賤，但他在這個瞬息萬變全面改革的時代裡，透過自己的努力，已經獲得了上流社會人們的認可。

他的這種精神不知不覺地也遺傳給了自己的兒子，當巴爾札克成年後，也是靠著這種性格給自己贏得榮譽的。

為了使來到家裡的客人們不太擁擠，偶爾可以回到家中的巴爾札克和妹妹常被安置在四樓，由一名嚴謹的家庭女教師照看著。

早晨，巴爾札克要被女教師帶到媽媽那裡請安，晚上又要重複這樣的禮節。每到這時，年幼的巴爾札克都有種想挨近媽媽的膝頭，擁抱她傾訴的衝動。

但是，每當兒子對上媽媽那要麼冷冰冰、要麼嚴厲的眼光後，馬上就嚇得直哆嗦，彷彿這個冷漠的女主人又發現了自己

犯了錯誤似的，讓這個可憐的敏感的孩子真想馬上找個地方躲起來。

晚上，已經上床的巴爾札克想到第二天自己又要回到寄養的鄉下，自己又要過著那樣窘迫而又悲慘的日子，他感覺自己就像一個孤苦伶仃的孤兒似的可憐，他甚至覺得自己就不像是母親的親骨肉，因為在這裡，他感覺不到母親對他有哪怕是一丁點的愛意。當巴爾札克成年以後，他的媽媽對待兒子的這些冷漠做法仍然讓他記憶猶新，難以忘記。

到了 7 歲，巴爾札克這個沒人要的孩子，便被打發到旺多姆一家寄宿學校去了。他唯一的願望就是，他應該到一個離家遠一點的什麼地方去，遠在另一個小城裡。

又過了 7 年，當孩子因不堪忍受懲罰以致回到父母家中，而使寄宿生涯告一段落時，她竟使得他生活更是痛苦。用他自己的話說，終於在他滿 18 歲時，他就毅然決定，扔下那個實在容忍不下去的環境而出走了。

深受家庭的影響

認識巴爾札克的朋友都知道，這是一個具有雙重性格的人，一方面他非常執著於自己的事業，勤奮敬業，樂觀自信，一生創作無數；另一方面，他又極其敏感，渴望溫情。然而，他和父母的關係，尤其是母親的感情終其一生都不是很好。

深究這其中的原因，就不得不從巴爾札克的父親弗蘭蘇·巴爾札克先生和洛爾小姐兩個人的性格，以及他們並不和諧的婚姻追究起。

巴爾札克的父親，老巴爾札克在事業上還算比較成功，從各方面來說都是體面與美滿的。這不僅與他本人的努力有關，也和他的性格關係很大。

弗蘭蘇·巴爾札克先生是個樂天的人，容易感到快樂和滿足，體格很魁梧，對本人的成功、對世上的一切，無不稱心滿意。他從一個田舍翁之子，爬到了巴黎的上流社會，還娶了一位迷人的妻子，這使得他感到自得意滿。

這位樂天的老頭兒，永遠都是那麼興高采烈，這一點我們就經常會在巴爾札克的身上看到。老人的教育程度不高，但他卻愛好讀書，而且各種書都喜歡讀，讀書的胃口真是好極了。

弗蘭蘇·巴爾札克先生又有極好的記憶力。這樣他的腦子裡積滿了各種的趣聞和知識。據說，他年輕的時候，也曾寫過一兩本有意思的書。雖然內容與他偉大的兒子比起來，可能相差十萬

八千里，不過，這些興趣和愛好，還是深深地感染了巴爾札克。

老巴爾札克畢竟出身於農民家庭，談吐上不能像貴族那樣文雅，生起氣來又像個暴躁的騎兵，對於描述什麼事情，總是不吝惜一些添油加醋的掌故，但他同時也是一個善於編故事的高手。他說話常常是妙語連珠，能夠博得聽眾的哈哈大笑。巴爾札克無疑也遺傳了父親的這一優點。

老巴爾札克不但十分樂觀，而且非常精明，他的言談中常常夾雜著吹牛。若干年後，當他已經成為圖爾城中的知名人士時，他便告訴人們，他曾在路易十六手下當過王家議院的祕書，甚至還當過王家顧問，但這些人們已經猜到是假的，因為在國王的年鑑上從來沒有記載過一位叫做巴爾札克或者巴爾薩的人效命過此職位。

然而，到了巴爾札克成名的時候，他比他的父親，還更熱衷於榮譽。有意思的是，不管是當時的還是現在的人們，都情願買這位文學巨匠的帳，寬容他的虛榮。

事情是這樣的，當老巴爾札克 30 歲的時候，他已小有名氣。有一天，他突然對所有的人宣布，說自己的姓氏應該是德·巴爾札克·歐諾黑。

這顯然是一個貴族的名字，在封建時代的法國，是只有貴族的姓氏中才能標上「德」這一個字的，就像西班牙王國時代的貴族姓氏才可以帶「堂」、德意志貴族的姓氏才能帶上「馮」的標誌一樣。

在當時人們的心目中，貴族是要高出平民許多倍的。很多人

深受家庭的影響

都知道巴爾札克生於一個平民家庭，他的姓氏中為什麼會帶上一個貴族標記的「德」字呢？

一些好事的人，考證巴爾札克的出身，無論從他的父系還是母系來說，巴爾札克的姓氏都是與「德」字無關的。

然而，巴爾札克之所以認為自己是貴族的後裔，也是緣於他的父親老巴爾札克先生的一次吹牛。巴爾札克姓氏中的那個「德」字，就是父親一次吹牛中吹出來的，這是一個很有意思的吹牛事件。

在一次閒聊之中，老巴爾札克說自己可能和古代騎士德·昂特拉格·巴爾札克的家族沾一點遠親。

所以巴爾札克在成名之後，也像他的父親一樣，毫不猶豫地在姓氏前面加了一個貴族象徵的姓氏「德」。

其實，這只不過是當時的一個風尚，法國大革命後，貴族階級融合到資產階級中去的現象日益嚴重，資產階級也仰慕貴族古老的家世和稱號，攀附名貴在當時的法國是很流行的。

巴爾札克在政治上一直是個保王派，自然也有著貴族色彩的政治傾向。按照巴爾札克的觀點，一個投機商人尚可以成為貴族，而他，偉大的巴爾札克，有什麼理由不能獲得這個頭銜呢？

父親的性格和脾氣，根深蒂固地影響著巴爾札克，如果一直下去，他會成為一個不折不扣的永遠擁有勃勃雄心和樂觀精神的人了。然而，巴爾札克的母親卻在這個時候，給了他另一些影響，這使得巴爾札克最終長成一位既繼承了父親的樂天性格，又遺傳了母親的敏感氣質、極富於幻想和臆測的矛盾的人。

巴爾札克的母親，洛爾小姐有個自卑的想法，總覺得自己命薄。當她認為自己蒙受委屈時，她經常用各式各樣歇斯底里的叫喊來宣洩。她骨子裡有著一種羅曼蒂克的傾向，這促使她需要很多關愛，而這些東西，她認為在自己的家中沒有獲得足夠的滿足。

　　她喜歡對孩子們抱怨，她覺得巴爾札克不聽她的話，不知道感恩，她認為自己對兒子的成才操盡了心思，而兒子卻總是不能理解作為母親為他所做的一切。

　　當巴爾札克的父親老巴爾札克在世的時候，每當妻子吵吵鬧鬧，他總是可以泰然自若地應付過去。

　　但是，當老巴爾札克去世以後，洛爾成了孤單的寡婦，她就把這種不滿和不快樂的情緒帶給巴爾札克和他的妹妹，她對這些孩子極為嚴厲，以為可以按照自己的思路來安排孩子的命運，但是孩子們卻都那樣叛逆，不肯聽她的擺布，尤其是巴爾札克。

　　洛爾對巴爾札克不肯聽父母的勸告，去做一個體面的律師或者檢察官，而做一個拿筆桿子的文人，一直十分不滿。

　　即使巴爾札克已經頗負盛名的時候，她看到的仍然是巴黎大報小報上那些無聊的關於他兒子的負面新聞。

　　直到她生命的終結，她從未停止過用善良的忠告和淚眼婆娑的苛責，來折磨她那已經舉世聞名的兒子，這就使得巴爾札克與她的距離更加疏遠。

　　這位脾氣壞、禁忌多的母親，曾冷酷地拒絕一切孩子們的情愛表示。而偏偏巴爾札克也是一個特別需要溫情的敏感的孩子，

深受家庭的影響

為此，他感到痛苦不堪。不管他在母親面前表現得多麼溫順，母親總是無動於衷。巴爾札克不能理解母親冷漠面孔背後的愛，在他看來自己就是被忽視了，這種想法恰巧和他的母親想的一樣。

所以，這對母子各有各的道理，當巴爾札克晚年的時候，甚至當他已經把母親接到自己家裡同住，而自己的頭髮業已斑白的時候，他仍不能忘懷在童年歲月裡，由於母親拒絕給予孩子溫柔的母愛而受到的傷害。

一次，在給韓斯卡夫人的信中，巴爾札克近乎哀鳴地寫道：

生活是多麼艱難啊！目前在當可憐的勞倫斯和祖母的摧毀者之後，她又在驅趕我妹妹進入墳墓。

她有一大串的理由恨我，甚至在我出世以前她就恨我，我跟她的關係已瀕於決裂，決裂幾乎是必要的事了。然而我還是寧願繼續受罪，這個創傷是治不好的。

我母親就是我一生中降臨到我身上的一切災病的根源。真不知道我母親是怎樣的女人！她是一個妖精，同時又是一個妖精似的怪人。

巴爾札克對於母親的抱怨，猶如母親對他們的一樣，如出一轍，這的確是個很有意思的遺傳。

除此之外，巴爾札克的金錢觀也難免不受到母親的影響。洛爾出自典型的巴黎小資產階級家庭，天生對金錢感興趣，對於如何在這個社會上取得體面的地位和財富瞭如指掌。

所謂教養兒女，在她看來就是去教給孩子們，花錢乃是罪惡，而賺錢才是一切美德之中最值得稱許的。她慫恿孩子們，早

早為自己終生創造一個穩定的地位，如果是女孩子，則需要覓得一門好親事。巴爾札克也終極一生想娶得一位既有身分地位又富有的貴婦，這種功利的思想，無形中其實也受著母親教誨的影響。

寄宿學校的生活

旺多姆教會學校位於羅亞爾河畔，塔樓陰暗，圍牆又高又厚，說它是所學校，倒不如說是一所監獄。巴爾札克到了 7 歲，便被送到了這裡。

旺多姆教會學校環境十分閉塞，雖然法國大革命已如火如荼地進行著，而旺多姆市的教會學校彷彿停滯在中世紀，一切都在按照中古時期流傳下來的那種刻板的教育方式進行著。

授課方式又嚴酷又機械，教師對孩子也極其冷漠。修道院的紀律刻板而嚴謹。在這裡，將近三百個學生打從進校起，性格就處在壓抑中。

這裡沒有假期，除非特殊情況，家長才被允許前來看望自己的孩子。在校的幾年中，巴爾札克幾乎沒回過家。

學習內容也枯燥無味，令生性敏感而又不安分的巴爾札克度日如年。最倒楣的是，巴爾札克在這裡經常缺衣服穿，時常遭受同學們的虐待和欺凌。

一到冬天，巴爾札克就得忍飢挨凍，雙腳生滿凍瘡。學校動輒對學生進行體罰，倔強而富於反抗意識的巴爾札克，是被打得最多最凶的一個。

除此之外，每當巴爾札克以微弱的力量對制度進行反抗時，結局就是被關進一間黑黑的禁閉室中。其他淘氣的孩子是抱著暖和的毛毯，在糖果等好吃的零食的陪伴下度過禁閉時光的，而被

父母不管不問的小巴爾札克只有幾本書為伴。

在自傳體小說《路易·朗倍爾》中，巴爾札克對這一時期他在身心兩方面所遇到的摧殘作了細緻的描寫：

> 這孩子這樣軟弱，然而卻又這樣堅強。他嘗盡了身心兩方面的痛苦。像古代划船上的犯人被鐐銬鎖在坐板上那樣，他被拴在課桌旁，挨著鞭笞，受著疾病的折磨，他的每一種器官都遭到了嚴重的損害。

在《路易·朗倍爾》這部自傳體小說中，巴爾札克還敘述了「另一個自我」路易·朗倍爾如何在 12 歲的小小年紀就銳意探究精神與肉體之間的聯繫，寫了一篇題為《意志論》的文章，以及它如何被幾個對他的「貴族式的默無一語」非常惱火而蓄意發洩的同學搶走，而最後由一個「閻王爺教師」拿去銷毀的故事。

雖然人們無法考證巴爾札克 12 歲的時候，是否真的寫過這樣一篇文章，但是可以肯定，巴爾札克就是一個意志堅定的人，不然後來他也不會創作出《人間喜劇》這麼宏大的巨著了。

在旺多姆教會學校生活的幾年中，這個剛進校時臉蛋紅紅胖胖的男孩，在迂腐沉悶的環境和超額的作業壓力下變得像小猴子一般瘦，還患了神經衰弱症。

舊式的教育制度在巴爾札克的心靈上烙下了深深的印痕，他深刻體會到了來自冷酷的社會和呆板的教育的壓抑。

在巴爾札克的自傳體小說《路易·朗倍爾》中，他憤然地抨擊這種「把我們的生命摧殘殆盡」、「我感到的只是一片空虛」、「精神監獄」般的學校生活。

寄宿學校的生活

但是，孤獨無依的生活帶來的並不都是壞果實，幼小的巴爾札克以他頑強的意志戰勝了生活，他並沒有被父母們的專橫自私和沒有靈性的陳舊教育打倒。

即便 6 年中，父母僅來看過他兩次，即便教師總是問不清是非就鞭笞他，即便他孤寂無援，但他找到了一個可以相依為伴的朋友。在書籍的海洋中，巴爾札克找到了靈魂的慰藉，在閱讀中他忘卻了身外的世界，尋到了無窮的樂趣。

巴爾札克對於書本的接近正是源於這個時期。在這裡，在孤寂的寄宿學校生活裡，他閱讀了大量的書籍，養成了熱愛讀書的好習慣。廣泛地涉獵各方面的書籍，不但使他能抵禦外來的壓力，而且打下了厚實的學識基礎，為他後來步入文壇做了充分的準備。

不僅如此，巴爾札克那對於事物深刻的洞察力和敏感度，也是在這一時期得到開發和哺育的。

每當巴爾札克全神貫注地閱讀一本書時，他彷彿已感覺不到肉體的存在，而只有他的內在的官能在起著作用，其活動範圍變得異乎尋常的廣闊。用他自己的話說，就像「他在太空中遨遊」一樣快樂。

14 歲這年，巴爾札克終於因神經衰弱離開了這所僧院式的寄宿學校，回到家裡。

他被折磨得如此厲害，以致他妹妹後來形容，說他像一個夢囈的人，用茫然的凝視向前摸索走路，對人家的問話幾乎聽不見，只是懵懵懂懂地帶著緊張的表情坐在那裡。

巴爾札克從旺多姆學校回來，這是他第一次真正與父母相處。由於長期不在一起生活，他與母親之間的隔閡很深，彼此很難找到共同的語言。他帶回的成績單讓他的母親很惱火，拉丁文全班倒數幾位，其他科目也不盡如人意。

　　母親只顧得考慮他的成績是不是優異，卻全然不過問這些年來兒子是如何生活的，這讓巴爾札克更加感到失望。

　　過了不久，為了彌補他受教育的不足，他又被送到圖爾市的一所中等學校。

　　1814 年的春天，巴爾札克心目中的英雄和榜樣拿破崙戰敗，宣布退位，終生離開巴黎，到大西洋一個偏僻的小島上度過餘生。這年的冬天，巴爾札克卻隨著父親工作的調任住進了巴黎城。他將沒有機會再見到他的偶像了，這讓巴爾札克的內心很苦悶。即便他的父親現在是巴黎第一師的軍需官，可這絲毫也不能讓巴爾札克覺得有一點優越之處。

　　到巴黎後不久，巴爾札克就進了利辟特寄宿學校。即便這所學校頗有知名度，學校主持德高望重，還是老巴爾札克的朋友，但對於巴爾札克而言，他依然感覺自己是被拋棄、被壓迫的。

　　父母並沒有因為巴爾札克在旺多姆寄宿學校的痛苦經歷而改變對他的態度，巴爾札克懷著一腔委屈，也無心學習。他總是在想些稀奇古怪的東西，以至於在老師的課堂上，他表現得總是心不在焉。

　　在《驢皮記》中，巴爾札克借用他虛擬人物的口說出下面一段話：

寄宿學校的生活

在利辟特寄宿學校裡，我又在另一種形式下嘗到了那種以前在自己家人中間和學校裡所受到的苦頭。我的父親從來都沒有給過我零用錢，我的父母認為我有吃有穿，肚子裡裝滿了拉丁文和希臘文，這就很不錯了。

我在寄宿學校裡逐漸認識了上千個同學，但卻無論如何回憶不起父母對自己孩子這樣冷漠的任何類似例子。

在利辟特寄宿學校，經常走神的巴爾札克成績依然很糟糕，更別說是想成為「優等生」了。父母親不得不又把他轉到另一所學校，可是巴爾札克在這裡依然是個吊車尾，他還是沒有好好學習。這個班裡共有 35 名學生，他的拉丁文考試成績卻是第 32名。這是倒數第 4 名的糟糕成績，幾乎沒人比他更差勁了。

長期以來，巴爾札克的母親都懷疑這個兒子的智力是不是有什麼缺陷，因為父母為他提供了那麼多好的學習環境，轉了好幾次學，選擇了好的班級，選了好的老師。可是他還是學不好，就像是個一無是處的廢物。

現在的糟透了的成績更增加了老巴爾札克夫人在這方面的擔憂，她並不知道巴爾札克每天在想些什麼，她更不知道巴爾札克需要的是來自她的愛和鼓勵。可是，她竟然充滿絕望地，含著眼淚給自己 17 歲的兒子下了一道「最後通牒」：

親愛的歐諾黑：

我實在找不出更有力量的話來向你形容，你帶給我的傷害，你真是讓我太失望了。我為自己的孩子們盡了我的全部心力，本來是指望著他們可以給我帶來一點點快樂的！

那位善良而可敬的讓賽先生告訴我，你的翻譯成績竟降到了第

32 名！他還告訴我，你前些日子又在頑皮淘氣。因而，我所指望的往後的愉悅又都毀了。

本來明天 8 時我們可以見面，而你現在不肯用功，對功課漫不經心，逼得我只好任由你去受到你應有的懲罰吧！你在班級得到這樣的壞名聲，我一直瞞著你父親，因為那樣的話，你禮拜一就別想出來了。

就這樣，巴爾札克「嘗盡了身心兩方面的痛苦」，而且被教師們視為愛幻想而不可塑造的笨孩子。這樣，巴爾札克成了後進生的代名詞，老師們也懶得去答理這樣一個「問題少年」。

他們幾乎無視巴爾札克的存在，在他們看來，有這樣的學生簡直就是當教師的恥辱。因為他總是教不會，因為他總是有那麼多不切實際的幻想，上課就像夢遊一樣。老師們覺得與其在他這樣毫無希望的學生身上浪費時間，還不如多花心思培養那些看起來優秀的學生。

直至 18 歲，巴爾札克都是過著上述這種缺恩少愛的生活。他一直不被學校所認可，一直不被家人所喜愛，他更得不到來自父母的同情與理解。他就像一個孤獨的苦行者，自己一個人默默地忍受著各種鄙視和嘲諷，在沒有父母的關愛也沒有老師幫助的情況下，巴爾札克就這樣渾渾噩噩地走過了他的童年與少年時代，並告別了中學校舍。

父母親的期望

1816 年下半年，就在巴爾札克的母親已經認定巴爾札克不可救藥、不堪造就時，巴爾札克卻忽然來了精神，在即將中學畢業的時候，稍稍努力了一下，竟然還算可以地完成學業，被一所大學錄取了。

假期來臨，巴爾札克離開了寄宿學校，回到了家裡，家裡人情如常，習慣如故。

兩個妹妹斯洛爾和斯洛朗仍然在女子寄宿學校就讀。亨利是家裡的心肝寶貝，學校也是讀了一個又一個，知識不見增長，性格也不見改變，老師對他很失望，但是媽媽卻很喜歡他。

巴爾札克的父親保養很精心，他希望做個長壽老人，很注意與妻子友好相處，但是媽媽的脾氣卻更加糟糕。他們共同擔心的事仍然是長子的前途問題。

「兒子進大學讀什麼專業呢？」這是最讓巴爾札克的父母費心的事。

當時，隨著資本主義的蓬勃發展，經濟在社會的各個領域發揮的作用越來越大。

如同大多數資產階級暴發戶的想法一樣，這對很少有一致觀點的夫婦，在長子發展方向這個問題上卻達成了共識：當律師或做公證人，這是在財產大量流動的時代最實惠也最穩固的職業。

照理，結束寄宿中學的學業，應該是巴爾札克被奴役的日子

的結束，自由的曙光就在前頭，他第一次有可能去做自己願意做的事，去攻讀自己喜愛的書籍。

然而，父母的意志仍然強加在這個年輕人身上，他們要求巴爾札克不但要入大學攻讀法學系，而且課餘時間還得按他們的意願，「為準備自己將來的生計」到一家律師事務所去幹活。

他們認為，年輕人不應該有多餘的時間，他們的每一分鐘的餘暇都應該用來賺錢。他們認為他除了聽課外，課餘還應該找個職業去賺錢。

按照父母的邏輯，學習法律的巴爾札克已置身於正途，獲得學位後可在律師事務所擔任助手的職務，只要勤勉地工作下去，再娶一位有地位的闊人家的女兒成婚，安居樂業，總有一天會在上層社會有一席之地，成為社會的表率的。

這段時間，巴爾札克那削尖腦袋想進入上流社會的父親，會笑得更加爽朗，即使他那精於錢財又十分嚴屬的母親，提到兒子也是滿臉光彩。至於，兒子在想些什麼，他們根本不去關心，也不屑於關心。

其實，此時的巴爾札克早已經對未來有了自己的想法，但是為了討父母親歡心，在未來職業的選擇上，他還是接受了父母的建議，於 1816 年 11 月，他正式成為了大學法律系的一名學生。

即便如此，年輕的巴爾札克興趣仍在文學上，他常常在索邦學院聽課。他還熱衷於哲學方面的思考，寫過《關於哲學和宗教的札記》、《論靈魂不朽》、《論人》等論文，從中可以看到他深受啟蒙學者的影響，具有無神論傾向。他對哲學問題的興趣持

續了一生。

那個時候，在學校裡，巴爾札克最喜歡去的地方就是圖書館，因此圖書管理員們都知道這個身材魁梧的，面相雖然不夠俊朗，但是求知若渴，總是忽閃著一雙滿含熱情的眼睛的大男孩。

有一次，在圖書館裡，巴爾札克看到了幾本自己特別喜歡的好書，內心感到非常興奮。他望了望四周，閱讀室的座位已經都坐滿了前來讀書的同學們，暫時看不出哪裡還有空的位置。

於是，巴爾札克就和其他沒有座位的同學一樣，挨著書架的一個角落坐了下來。坐在地上的巴爾札克，如飢似渴地閱讀起書本來。不知道過去了多久，1頁，2頁，10頁，20頁，100頁，200頁……

當巴爾札克把自己的頭從書本中抬起來的時候，他才發現身邊的同學已經都走光了，圖書室的門也不知道什麼時候關了，只能在閱讀室裡過一夜。

當巴爾札克的《人間喜劇》深入人心後，人們都很奇怪，不知道巴爾札克是怎樣構思出《人間喜劇》這樣龐大的作品的。其實，這種思維模式也是來源於求學時期的一次經歷。

早在中學的時候，巴爾札克就很喜歡自然科學中的生物學，到了大學以後也經常會看這類的書籍。時間久了以後，巴爾札克的心中慢慢萌生一種想法：「社會科學中的各種社會現象，是否也按照生物學的那種研究模式劃分呢？」

上了大學以後，這種想法仍然停留在他的腦海中。於是，有一次，在學校旁邊一家門面很小的咖啡館裡，巴爾札克與一些學

醫學和化學的同學攀談起來。

　　人們聽了巴爾札克的想法，都肯定他的觀點，認為社會現象其實也是一個可以分門別類去研究的學科，很多社會現象在本質上都是有著一定的共性的。

　　其中，一個醫學系的教授甚至神祕兮兮地告訴巴爾札克：「我要告訴你一個祕密，那就是思維其實遠比肉體更有力，它甚至可以吞噬、吸盡、消融掉肉體呢！」

大學實習生活

上了大學，巴爾札克如父母所願，當了一名法學院學生。隨後，透過父母的關係，巴爾札克又來到大律師麥爾維耶的律師事務所當祕書，做些類似於抄寫的雜差使。

在事務所，巴爾札克生平第一次看到聽到那麼多家庭悲劇和庭下交易。一些明明是犯了某種罪行的案犯，由於其特別的身分和特殊的位置，有富足的口袋，享受著所謂的「不受懲罰」的恩惠；而那些經濟拮据和沒有背景的平民卻會因為一丁點的罪過而遭遇牢獄之災。這些後來都成為他創作的素材。

這家律師事務所的老闆麥爾維耶先生慧眼獨具，十分賞識巴爾札克的才能。

他認為這個年輕人本性純良、精力充沛、天性樂觀並且思維敏捷，對一些事情和問題的看法都非常深入透徹，遠遠超出他這個年齡的認識，一定會是個很有前途的青年，所以即使兩個人的身分和年齡都要差很多，麥爾維耶先生仍然和巴爾札克成了莫逆之交。

巴爾札克對他衷心敬佩、感恩戴德，後來以明智又富有才能的律師德爾衛的形象將他寫進了《人間喜劇》。

置身於司法界，巴爾札克一開始是很高興的。他覺得最滿意的是，在這種新的工作中，能有機會深入了解人間的眾多慘事。這類悲劇在大人物之間或平民階層都有，這裡面有刻骨仇恨、陰險爭鬥、妒忌積怨、巧取豪奪，各類的鬼名堂應有盡有。

在這裡巴爾札克學到了訴訟程序中的奧妙，而且還了解到，特別是明白了人們命運中的時而使人發笑、時而令人傷心的多元面向。

　　一捆捆的材料，在他眼裡就是一本本小說，是一批批活生生的會呼吸、受磨難的怪誕的眾生相。

　　巴爾札克在事務所裡，與那些年輕的、沒錢的、厚顏無恥的和愛打趣的見習生，一起學習司法上那套陰謀詭計。

　　如果說公證人辦公室是家具磨光、護壁講究的殿堂，那抄寫員工作的大廳卻是像窮人的雜物儲藏室一樣灰塵滿地，廢紙糨糊成堆。

　　事務所的年輕人為了忘記這種陰森恐怖的氣氛，玩著順口溜遊戲。這其中，巴爾札克是玩得最好的一個。他天性幽默，逗人發笑的本領在事務所裡是第一名。

　　自從巴爾札克到這家事務所做實習生，事務所內的笑聲就不曾斷過，這個年輕人總有取之不盡、用之不竭的笑話。人們常常因為巴爾札克的說笑而導致耽誤手裡的工作。

　　以至於後來，每當事務所內業務繁忙的時候，老闆就會派人送一張便條給巴爾札克，上面寫著「巴爾札克先生今天不用來了，因為今天工作很多」。

　　也是在這間事務所裡，巴爾札克從法典和案例裡漸漸看到了法國當時社會的人間百態。在那些數不盡的民事訴訟案中，充分暴露了人與人之間，不管是父母與子女之間、夫妻之間、兄弟姐妹之間亦或是情人之間、朋友之間、債主之間因為爭奪財產所表現出來的醜惡靈魂。

大學實習生活

　　巴爾札克痛恨法律的虛偽，後來在他的筆下把它撕開，赤裸裸地展示給人們。《夏倍上校》中的訴訟代理人但維爾說，我們的社會上有三等人：教士、醫生和司法人員。這三等人都是看破人世間上演的悲喜劇的，他們都穿著黑色衣服，或許這本身就是為了哀悼所有的德行和所有的幻想。

　　然而，三等人中最不幸的莫如訴訟代理人。一個人去找教士，總由於憤恨的督促、良心的責備、信仰的驅使，這就使他變得偉大，變得有意思，讓那個聽他懺悔的人精神上感到安慰。所以，教士的職業並非沒有一點樂趣，他做的是淨化的工作、補救的工作、勸人重新皈依上帝的工作。

　　只有當訴訟代理人的最無用處：「只看見同樣的卑鄙心理翻來覆去地重演，什麼都不能使他們洗心革面；我們的事務所等於一個沒法清除的陰溝！我執行業務期間，什麼事都見過了！我親眼看到一個父親給了兩個女兒每年 40,000 法郎，結果自己死在一個閣樓上，那些女兒理都沒理他！我也看到燒燬遺囑；看到做母親的剝削女兒，做丈夫的偷盜妻子，做老婆的利用丈夫對她的愛情來殺死丈夫，使他們發瘋或變成白痴，為的是要跟情人過一輩子。」

　　「我也看到一些女人有心教兒子吃喝嫖賭，縮短壽命，好讓她的私生子多分得一份錢。我看到的簡直說不盡，因為我看到很多為法律治不了的萬惡的事。總而言之，凡是小說家自以為是憑空捏造出來的醜事，和事實相比之下真是差得太遠了。」

　　巴爾札克初涉社會，就在訴訟代理人事務所上了一堂生動的、深刻的課，這一課給他的印象太強烈、觸動太大了，為他之

後進行現實主義的創作，毫不留情地揭露社會的陰暗、虛偽、醜惡提供了素材。

這一切，漸漸地讓巴爾札克感到厭惡，律師、法官、公證員衣著光鮮、體面嚴謹的形象在他的心中不再像從前那樣高大和令人豔羨了。糾纏在繁雜瑣碎的各種糾紛中，讓他感到越來越不快樂。

在這個年輕人的靈魂深處，有一顆被壓抑的、急於想宣洩的種子在暗暗發芽。

畢業後的抉擇

兩年後，巴爾札克獲得了學位，巴爾札克的父母希望他成為公證人，並且為這個年輕的小夥子鋪好未來的路。所以，他很快被介紹到公證人巴賽的身邊當下屬。這件事情，對他父母來說，簡直是太高興了。這是一件有固定收入、有體面地位的工作。

如果按這樣工作下去，一旦巴賽先生告老或死亡，他便可以沿著這條人生的坦途走下去，最後將成為替全家爭光、有著穩定收入、受到人們尊敬的律師了。

誰知，巴爾札克偏偏不知好歹、不識時務。酷愛自由的巴爾札克，不願每天重複做這種呆板機械的辦公室的單調工作。

他過夠了這種沒有自由空氣的日子，他要追求自己嚮往的生活。事實上，從 7 歲起，巴爾札克就一直在聽人擺布，過著別人給他安排的生活。

現在，他大學畢業了，多少年來一直被壓抑著的怒火，頓時在他心中爆發了。

正當老巴爾札克夫妻夢想著自己的兒子有朝一日可以擁有體面的職業、穩定的經濟來源、大展宏圖的時候，這個一向不討他們喜歡的兒子卻違背了他們的心願。

在 1819 年春天的一個日子裡，他突然從律師事務所的椅子上跳了起來，把那些堆放在桌子上的案卷轟然推倒，抬起那顆雄獅般的頭顱，聲明他無論如何也不再當一個錄事、律師，甚至審

判官。

他不想擔任任何職務，他已經立志當一個偉大的作家，要以他的自由去獲取進行文學創作的自由，以他的作品去贏得他的自由和獨立。

他毅然決然地放棄了律師事務所的工作，有生以來第一次昂起他那高傲的頭，而且一生中再也沒有向命運低過頭。

「我的前程由我自己選定，絕不為父母所左右！」巴爾札克以不容商量的語氣告知父母。

巴爾札克擲地有聲的聲明如同一顆炸彈，把父母搞得暈頭轉向，引起極大的震動。也許是遭受壓迫太久的緣故，巴爾札克有生以來的第一次反抗就格外強烈，格外讓家人感到驚世駭俗、難以接受。

「他居然要放棄一個有保證的職業，放棄自己的前程，把一生耗在一個靠不住的寫作上，太異想天開了！」母親大失所望地哭喊道。

在父母看來，這個庸碌的傢伙，竟然決定投身於創作，一種十分不可靠的行當，是十分不明智的。這不僅因為作家的前途黯淡無光，沒有可靠的收入，生活將沒有保障，而且自己的兒子哪裡顯現過作為一個作家的那份天賦？

且不說自己的家庭沒有那些世襲的奢侈的藏書供他從小瀏覽，也不說當父母的沒有遺傳絲毫的創作基因，單就從這個不孝順的年輕人過往的表現來看，他哪裡表現出過哪怕一點點創作的才能？

誰會讀過他創作過的一篇簡練的文章？本地報紙上何時刊登過他寫的一首詩？

凡是他就讀過的學校，他的名次總是排列倒數，就連拉丁文考試的成績也只是 32 名，而全班卻只有 35 名同學！數學的成績就更不用提了，何況數學還是每個誠實做事的人所應該有的最要緊的學問！現在，他卻口口聲聲說要做「最偉大的作家」，這簡直太不自量力了！

在這對身為小資產階級的父母心中，他們的兒子，這個身為令人尊敬的薩拉比耶家的外孫，這個姓巴爾札克的人做份體面安穩的工作是最合適的。

像作家那種縹緲的、朝不保夕的行當，應該是養尊處優的富家子弟們把玩的事業，像巴爾札克出身的這樣的家庭是不可能提供給他任何支持的。

更重要的是，巴爾札克宣告的這份聲明還來得很不是時候，此時，老巴爾札克先生的財務正陷於十分拮据的境地。

封建王朝的再次復辟使得歐洲的戰爭告一段落，因而那些在拿破崙時代裡靠打仗發財的人們，從前所依附的根基如今被掘掉了。對於一個承辦軍需和發戰爭財的人來說，這正是不景氣的時候。

老巴爾札克一年 8000 法郎的肥薪也已縮水成極為菲薄的數字了。即便家裡還有不少存款，並且生活得還算舒服，但自然不能與從前相比。

在當時的法國小資產階級之間，人們遵守著一種比國家法律

還嚴格的不成文的準則：「遇到每一筆收入減少時，必然立刻加倍節省以與之相抵。」

此時，可謂是巴爾札克全家人經濟上的「緊縮期」。像老巴爾札克夫婦這樣處處務實的典型小資產階級家長，向來是以「未雨綢繆」、量入為出為原則的。

他們決定放棄巴黎舒適寬敞的住宅，搬到距離巴黎 20 英里的小鎮上去生活，在那裡他們的生活成本將降低很多，只是居住起來比較不顯赫。

然而，就是在這個唯一的特殊時期，他們這個胸無城府的兒子卻提出這樣的聲明。

本來，父母還指望這個兒子不要他們負擔，或許還能夠在體面的行當中賺點錢補貼家用來著，而現在，猛地聽巴爾札克放棄律師的職位不做，卻要去當什麼作家，這是他們根本不曾考慮過的。

在父母看來，這駭人聽聞的聲明意味著：這沒出息的兒子還希望父母在他「游手好閒」的狀況下接濟他，供他「揮霍」，這讓人怎麼接受得了呢？

然而，不要以為巴爾札克的作家夢是一夜之間產生的。事實上，他早就對文學產生了濃厚的興趣，只是一直沒有人注意到他的愛好而已。

早在少年時代，為了忘記孤獨和困惑，巴爾札克就如飢似渴地在寄宿學校的禁閉室等地方大量地閱讀文學作品，他還曾經嘗試過寫作，寄宿學校的孩子們還送給他「詩人」的綽號呢！

在巴黎讀法學時，他旁聽了巴黎大學的文學課，並找一切機會大量地讀書。

後來，人們談論這件事時，都奇怪他哪來的那麼充沛的精力，既要完成專業學習，還得到律師事務所當錄事，居然擠得出時間一頭栽進心愛的文學世界中去。

對從未真誠地關心過巴爾札克的父母來說，他的這一宣言似乎太輕率了，殊不知，這是他把醞釀於內心多年的決定告知家人，也是把他的理想公諸於世。

這不是年輕人的反抗心理使然，也並非一時衝動，而是一個人人生目標的確定，是一次毅然決然的選擇而已。

這時的巴爾札克也許還不能預料到自己會有怎樣的前程，甚至對於自己的才能也沒有真正了解，但他的決心下定了：成為偉大的作家，百折不撓！

達成父子協議

　　為了勸說兒子回心轉意，老巴爾札克夫人近乎歇斯底里，軟的硬的，啼哭與威脅，所有能施展的手段她都試了一遍。她堅決地反對道：「不行，不能讓你這個從小就不成器的蠢東西為所欲為，你得為這麼多年來付出的教育費負責，那可是父母的血汗錢。」

　　說這話的時候，這位母親的眼睛裡幾乎要噴出火焰來，她怒瞪著面前的兒子，認定了這個兒子就是存心跟自己反著來。

　　她嗤之以鼻地說：「當作家是要有才能的，你明顯沒有這方面的才能，這豈不是要自蹈死地嗎？」

　　老巴爾札克夫人原來以為，這個從小到大算是老實的孩子在自己鍥而不捨的阻攔下，應該會屈服的吧！

　　然而，她沒想到，以前屢試不爽的手法第一次失效了，而且這一次是徹底的失效。巴爾札克這次是不撞南牆不回頭了，無論母親是如何地動之以情、曉之以理，他堅決沒有屈服的意思。因為巴爾札克知道，這一次，他如果不抗爭到底，以後就沒有自由可言了。最後，母親只得放下狠話：「你從今以後休想再得到任何接濟，除非走正道！」

　　巴爾札克的父親，一生換了不下 10 個職業的老巴爾札克還比較豁達，他認為不妨讓兒子試一下。「幹嘛不隨他去呢？」他只是輕微地埋怨了一句，恐怕在兒子身上他還帶著欣賞的目光注視到了自己早年的影子。

達成父子協議

巴爾札克的妹妹斯洛爾也偷偷地站在哥哥的一邊，一方面是因為她本人對詩歌有著羅曼蒂克的熱愛；另一方面，女孩子也認為如果有一個出名的哥哥可以大大地滿足自己的虛榮心。

親戚們礙於父母的關係，對這件事表示既震驚又不屑，但是他們的否定對巴爾札克是沒有意義的，更別提動搖這一決定了。

經過相當長時間的爭執，父母終於沒能說得過兒子。最後，還是父母親這邊退了一步，於是，父親與兒子達成一個協議，協議大致是說：巴爾札克可以去試一試自己的創作才能，看一看是否有可能成為一個大作家。至於如何去做，那是他自己的事。

家裡對這件不抱多少希望的計畫，只能投入一筆極其有限的資金，期限為兩年。如果兩年中他創作不出足以使他成為偉大作家的作品來，他必須重新坐到律師事務所的位置上去，沒有任何討價還價的餘地。

合約規定兩年中父親每月提供給巴爾札克 120 法郎，平均每天 4 法郎，這在當時也是最低生活水準的數目。

要靠這每天 4 法郎的經濟接濟，在花花世界的巴黎，堅持兩年的生活，而且要創作出偉大的作品，條件是這樣的苛刻，可是巴爾札克仍然毫不遲疑地接受了。

因為這 4 法郎，買來的是他一天 24 小時的自由，這 2800 法郎，買來的是他兩年自由。這自由，換來的是他畢生的追求。

一個未來的偉大作家帶著有限的生活費登上了艱難的征途。

為了不使「家醜」外揚，母親對外聲稱，兒子由於健康原因到南方一個表兄弟那裡暫住了。

老巴爾札克夫人仍然願意相信，過不了多久，這個不聽話的孩子就會把這次荒唐的選擇，當作一次轉瞬即逝的幻想而拋掉。她想，也許這個不孝的孩子不久就會發現自己的愚蠢，那麼就沒必要告訴人們事實的真相了。這可是要損害兒子的名聲，甚至影響他的婚姻、前途，而且說不定會在律師業務上失掉一些主顧呢！

　　同時，老巴爾札克夫人還想到可以用艱苦的生活逼迫兒子回頭。她想像著，如果巴爾札克過上挨冷受凍的日子，他馬上會懷念家裡的舒適環境和律師事務所的溫暖的火爐的；只要讓他勒緊褲腰帶過上一天，他就知道自己的計畫是多麼不切實際了；當他的手指凍得握不住筆的時候，他就會不戰而退，乖乖回到律師事務所上班去。

　　為了達到軟化兒子的決心和破壞兒子意志力的目的，這位夫人在巴黎的一個簡陋的街道上找到了一個「合適」的住處給巴爾札克。

　　「既然你決心已定，我就不再攔阻你了，這是我唯一能為你做的，萊斯堤尼爾街9號，明天你就可以搬過去辦公了。」

　　母親說這話的時候，帶有某種威嚴的口氣，眼睛裡閃過一絲狡黠的光芒。

　　巴爾札克接過母親遞過來的鑰匙，心中激動不已。「我的新生活就要開始了！」他在心中吶喊道。

　　第二天，巴爾札克帶著簡單的行李早早出了家門，他坐上了駛往巴黎的公共馬車，向自己的新生活出發了。

第一間工作室

到了巴黎後，巴爾札克在一條狹窄的街道上找到了那條幾乎是全巴黎最髒、最亂、最破舊的房子。他自己的住處就在這座房子頂層的閣樓上。

巴爾札克小心翼翼地拎著行李，走在又窄又破的樓梯上，這裡的光線暗得很，到處瀰漫著霉臭的氣味。爬到頂樓後，巴爾札克看見一扇已經損壞了的，由幾塊木板草草釘起來的房門，這就是自己的工作室了。

打開門，巴爾札克在黑暗中摸索著，進到了這間低矮昏暗的閣樓裡。

「上帝啊！」雖然出門的時候，他已經猜到母親不會為自己租什麼像樣的房子，但是眼前的景象還是足夠令這個軍需官的兒子為之感慨。

巴爾札克注視著眼前的這個小屋，這顯然是一個冬天寒冷夏天燥熱的屋子，不足10平方公尺的樣子，四壁徒然，斑斑駁駁，屋頂低得好像就要撞到自己的頭，到處都是灰塵。

還好有一扇沿街開著的窗戶，雖然這窗戶是那樣的狹窄，但是從這裡卻可以俯瞰巴黎窮人區一片片灰暗的屋頂。

即便面前的景象如此破敗不堪，這個年輕人還是一下子接受了這個小房間。「終於可以做自己喜歡的事，艱苦算得了什麼呢？我一定會成功的！」巴爾札克這樣勸慰著自己，感到幹勁十足。

巴爾札克很清楚母親的意圖，故意把他打發到這個牢房似的小房子裡，其實就是想讓自己知難而退，重新回到律師事務所去，過他們安排好的生活。那她可是太不了解自己這個倔強的兒子了，他可是個堅定執著的年輕人啊！

　　如今，萊斯堤尼爾街9號的房子已經蹤影全無了，人們不能親眼見證這個偉大作家第一間工作室的淒涼和破舊，還是多少有點可惜。

　　第二天，巴爾札克從家裡帶來一些工具，開始維修這個將要生活兩年的閣樓。他加了幾塊木板把門窗重新釘過，又裱糊了斑駁的牆壁，修繕了屋頂的瓦片，並且打掃了環境。透過和母親協商，巴爾札克從家裡的雜物間搬來一張又硬又平的硬板床，一張覆蓋著破舊皮革的小橡木桌子，兩把舊椅子。本來，他還想租一架小鋼琴來著，但卻被母親堅決地拒絕了。

　　過了幾天，由於缺少生活用品，巴爾札克只好寫信給家裡「乞討」。後來，他還有幸弄到一件雕刻和一面鍍金的方鏡，像模像樣地裝點了自己的陋室。

　　從此，這個年輕人就蟄居在了這間簡陋的破屋裡，成了這裡的一名隱士，開始了他的僧院式獨居生活，既是自己的主人，又是自己的僕人，精打細算地使用著每月父母供給的120法郎。

　　他每天3個蘇的麵包，2個蘇的牛奶，3個蘇的豬肉就能使他不致餓死，並能使他的精神狀態保持分外的清醒。在巴爾札克的《驢皮記》中，他以自己的生活為參照寫下了這些話：

第一間工作室

再沒有什麼東西比這閣樓更令人討厭的了，牆壁又髒又黃，一股窮酸氣，房頂傾斜，幾乎碰到了地板，從鬆散的瓦片間可以看到天空。

我每天在住處上要花掉3個蘇，在夜間用的燈油上又要花掉另外3個蘇。我自己收拾房間，我穿的是法蘭絨襯衫，因為我付不起一天2個蘇的洗衣費。

每天早晨我從聖米歇爾廣場的噴泉把水打來，就是在這種貧困和蟄居的方式中，我度過了那修道院式的孤獨生活的頭10個月。我自己既是主人，又是僕人。我以無法形容的熱情，過著一種清教徒式的生活。

冬天的時候，這破樓頂房的寒冷是可想而知的，可是他一天只用2個蘇去買煤，比燈油錢還少。在他看來，工作是比生活更重要的。在冷得實在是不能忍耐的時候，他就幾天不下床，坐在被窩裡工作。

在驚人的寒冷和疲勞中，他不敢休息片刻。雖然營養匱乏，他不敢多花一文錢為自己買一點吃食。當每個蘇從他的手中花出去的時候，他都得在手中反覆擺弄半天，掂量著它的價值，看這一個蘇用得值不值。

巴黎的夜晚在這個季節降臨得很早，下午3時巴爾札克就不得不將油燈點亮，漫漫長夜，陪伴他的只有那寒冷的孤燈，但年輕人的熱血溫暖了閣樓中的空氣，那痛苦的夜也就變成了以後甜蜜的回憶。

從那時起，巴爾札克就愛上了夜的氣息，天空、大地、人群、都市都在沉睡，而繆斯詩神降臨在他的眉梢、筆尖，撩動他

的心思，潤濕他的筆尖。是的，唯有她，這可愛的詩神，不論貧窮或富貴，從沒有拋棄他，始終愛他，伴隨在他身旁。

此時，若從物質條件來看，巴爾札克過得的確十分艱苦。但是，從精神方面來說，他卻又無比的富有，他擁有了 20 多年來所一直追求的自由。

這個年輕人節衣縮食，過著如此清苦的生活卻毫不在乎，在很多人眼裡覺得不可思議，而他的意念其實很簡單，那就是一定要成功。正像《驢皮記》中所寫的：

「一個預感到有美好前途的人，當他在艱苦的人生大道上前進時，就像一個無辜的囚徒走向刑場，一點也不用羞愧。」

這簡陋的生活條件，讓他獲得了如此巨大的精神滿足，這也許是他的母親所始料未及的。

開始的時候，巴爾札克心猿意馬、舉棋不定：他嘗試過悲劇，又起草過文學評論，又試著寫一些詩歌，卻總是才開了一個頭，就寫不下去了。

他整理了從前寫過的文字，那些東西現在看來書寫得太簡略潦草了，還有些東西，自己瀏覽了一下題目後，也不禁笑出聲來。很顯然，那些「關於靈魂不朽的筆記」、「關於宗教的筆記」等，與文學創作根本不搭邊。

他想到順著布爾東大馬路一直向前走就是圖書館，「對呀！為什麼不到那裡去尋找點題材呢？」於是，他又成了那家圖書館的常客。

日子一天天過去，巴爾札克孜孜不倦、按部就班地練習著自己

的文筆，在他的心中已經有了一些想法。巴爾札克發現，這些並不舒適優雅的環境，如果換個視角來看，原來有著許多別緻的美麗。

他以愉悅的心情欣賞著他的樓頂小屋，這是他的住所，是他的空間。這裡的一切，都是屬於他的。房間裡那個窄小的窗口是巴爾札克與外界相通的孔道。從這裡，他能放眼遠眺。

他看到的是一片屋頂的海洋，它們色彩斑斕，有深棕、暗灰、紫紅、墨綠。那高低錯落的屋脊，是這海洋中湧起的層層波浪。

有時，在某個屋頂花園的花叢中，他可以看見一個老婦的清晰和佝僂的輪廓，她正在旱金蓮上澆著水；運氣好的時候，他還能看到一個俏麗的女孩，她正在一個頂樓上梳妝。

更多的時候，這位作家是凝視屋頂落水槽中那些朝生暮死的植物，思考生命的意義；或者凝視著被一陣疾風吹到高處的可憐的雜草，悟出一些哲理；或者望著牆壁縫隙里長出的鮮綠苔蘚和一堵山牆上爬滿的生機勃勃的常青藤，享受舒適的心情。

在這間囚室裡，作家研究起那些苔蘚和雨後它們生氣勃勃的顏色，它們被太陽一曬，就變成了乾巴巴的絲絨，在古怪的明暗中顯得有些棕褐。秋天一到，這些綠葉又會變成美麗的、火焰一般的秋香色。

巴爾札克終日蟄居在小閣樓裡，他把它稱作牢房，並說他愛他的牢房，它是他自願坐的監獄。有了從事創作的簡陋設備，巴爾札克就心滿意足了，何況有時他的想像力把他帶走得很遠，這些環境在他眼裡似乎已不是真實的存在。在《驢皮記》裡他曾經寫道：

「我記得有時候曾經心情舒暢地把麵包蘸著牛奶吃，獨自挨著窗呼吸新鮮空氣，瀏覽由棕色、灰色、紅色的屋頂構成的景色，這些屋頂由白石板或瓦片鋪成，上面長滿黃色和綠色的苔蘚。如果說開始時候，我感到這景色有點單調，不久我便發現這裡有不少奇特的美。有時候，在晚上，從關不嚴的百葉窗投射出一道道光線，使得這個奇異國度裡的一片漆黑產生了色調的變化而活躍起來。有時，蒼白的街燈，透過霧露反射出淡黃的亮光，在街道上形成無數微弱的光波，使這一片鱗次櫛比的屋頂，看上去像泛起不動的波浪的海洋。

總之，有時候，在這個陰鬱的荒漠裡，偶爾也出現一些人物的形象：在某個空中花園的花朵中間，我曾看到一個正為金蓮花澆水的高顴骨、鉤鼻子老婦的側面，或者我透過一個窗框已腐朽的天窗，看見有位少女在梳妝，她自以為只有她一人，實際上我也只能看見她漂亮的前額和用一隻美麗的手臂托起的長髮。我欣賞一些短命的野生植物，這是不久就要被一場大雨沖走的可憐的野草！」

總之，在孤獨生活中所發生的那些瑣屑小事，卻是巴爾札克的巨大安慰，能引起他無限的遐想。他是被某種觀念所俘虜，被關在一種思想體系裡面，卻又被一種光榮生活的遠景來支撐著的。

每當他克服了一個困難之後，他就會吻著心目中想像的那位優雅、富裕、眼睛很美的婦人的溫柔的雙手。巴爾札克慢慢熟悉了身邊的一切，並且開始浮想聯翩。不久，巴爾札克就發現自己愛上了這間「囚室」。

工作之餘，他還會來到街上，呼吸新鮮的空氣。他常常夾雜在巴黎街頭眾多的人群裡，聽他們關於生活的談話，觀察他們的

第一間工作室

舉止，研究他們的內心，思考他們內在的意蘊。這能讓他得到不少的啟發和教益，從而對事業更加充滿信心。

「在這裡你能看到那麼可怕，然而又是多麼美妙的東西，單憑想像是無法知道隱藏在這裡從未被人發現過的現實。一個人必須深入其中，才能發現這光怪陸離的戲劇，這些悲劇或是喜劇，這些應運而生的傑作。」

巴爾札克常去聖安東尼郊區，觀察那裡的活動、那裡的居民和那裡的性格。在《法西諾·卡納》中，他寫道：

我穿得跟當地工人一樣差，在外表上隨隨便便。我能混在他們當中，使他們對我毫無隱瞞。我能加入他們一夥，看他們購買東西，諦聽他們下班後回家途中的談話，這種觀察不久就在我身上變成了直覺；我能洞察他們的靈魂，而同時並不影響注意他們的外表，或者說，我已把他們的外表非常徹底地把握住，以至於立刻就把他們的底牌看透。

我的觀察方法賦予我才能，使我也能感受到某一位個體的生活，跟他自己一樣；這種方法使我可以置身於那人的地位，就像《天方夜譚》裡那位托缽僧，只要他對誰一念魔咒，就可以取得那個人的外貌和靈魂。

我時常會碰到一個工人和他的妻子一起從昂比居喜劇院回來，我興味盎然地尾隨他們，從捲心菜橋大街一直到博馬舍大街。起初，這些厚道的人談論他們看過的那齣戲，逐漸地他們談到家事。做母親的一手牽著孩子，既不聽孩子的埋怨，也不聽孩子的要求；這對夫婦在計算第二天僱主會付給他們多少工錢，他們有各種的開銷。於是談到家務瑣事，抱怨馬鈴薯價格太貴，冬天漫長和奶油塊漲價，提醒對方還欠著麵包店的錢；末了，討論激烈起

來，他們倆言語生動，展示出自己的性格。

聽著這些人說話，我能領會他們的生活，感到他們的破衣就披在我肩頭，我腳上就穿著他們的破鞋走路；他們的願望與苦難浸入我的心靈，或者說我的心靈走進了他們的願望與苦難。正像一場醒著的夢，我跟他們一起，衝著那些虐待他們的僱主，衝著各種、用來逼迫他們反覆多次才能拿到薪資的惡毒詭計，感到怒不可遏了。

我自得其樂，一是放棄了自己的習慣；二是在某種道德力量的陶醉下轉化成為另一個人；三是一有興致就隨時做此遊戲。我哪裡來的這種天才呢？是不是第二視覺？是不是一種如果濫用就會發瘋的氣質？我至今不曾探索出這力量的來源。我當時據有了它，而且也利用了它，如此而已。

從這時候起，巴爾札克就能把「平民」這個成分，深入分解成若干組成部分。他了解他們，並且能夠判別出來他們的氣質好壞。他深知聖安東尼郊區對於他的重要性，這個革命的溫床，有它的英雄、發明家，有實踐智慧的人，流氓與罪犯，美德與邪惡，一切的一切都陷於憂患，落於貧困，沉湎於葡萄酒，毀於白蘭地。巴爾札克感慨地寫道：

「你簡直不能想像，在這一痛苦的區裡展開過多少數不勝數的奇遇而無人注意，有過多少立刻就被人忘卻的戲劇！在這裡能夠看到多麼可怕，然而又是多麼美麗的事情啊！再豐富的想像力也絕不能洞察隱藏在這裡，從未被人發現過的事實。你一定要深深潛入，才能發現這些非凡的戲劇，這些悲劇或喜劇，這些產生於機遇的傑作。」

第一間工作室

　　巴爾札克在囚室裡苦讀苦思，深入生活，觀察周圍的人和事物，為創作做好了準備。

　　在《奧諾麗娜》一書裡，他說：法國人怕出門的心理和英國人愛出門的心理可以說不相上下，兩個極端也許都有道理。走出英國，隨處都發現勝過英國的東西，但要在法國以外找到法國的韻味就極不容易了。這足以看出，他對眼睛裡所看到的一切的熱愛。

　　巴爾札克在萊斯堤尼爾街 9 號的日子，也不時有訪客到來。每到星期天，巴爾札克就會在他的小屋裡接待綽號叫「皮拉特」的小老頭達布朗，他常常帶來一些城裡傳播的新聞，那些屬於「二流人物」的近鄰的事，他們都是善良的市民，家裡都有很漂亮的女兒；房主也不懷疑住在小閣樓的房客是位文學奇才，總之，鄰里們對他都很親切。

　　如果達布朗有幾個星期天不來看他，希望知道小道消息的巴爾札克就會友好地責問：「你這個不守信用的老頭，我有 16 天沒見到您了，這不好，只有您才能給我安慰。」

　　但他最高興的事，還是收到斯洛爾的信，信是科曼大媽定期送來的。斯洛朗也給哥哥寫信。姐妹倆都很浪漫和愛開玩笑，她們急於揭露陳詞濫調，表示了她們自己的獨立判斷。她們很信得過巴爾札克。特別是斯洛爾，她的來信總要問到巴爾札克的工作進度，「偉大的作家，你的大作進展如何啊？」

　　這樣的話，總能撩起巴爾札克的興奮，他為有人關注他感到開心。他激動地告訴斯洛爾：「等著吧，用不了多久，你的哥哥將成為法蘭西最偉大的作家。」

他向斯洛爾宣布，他正在籌備一部長篇鉅制。他說，「他只能慢慢思索，慢慢地安排，慢慢地啃，慢慢踱步」。他用了大部分精力去學習，學習別人的技巧，同時也尋找自己的題目。

在這一段日子裡，他除了研究與發展自己的風特別，什麼也沒有做。他把研究和發展自己的風格，看得比什麼都重要。但是，兩個月過去後，他仍然沒搞出什麼名堂。

巴爾札克急得像熱鍋上的螞蟻。他萌發了一種想法，他「要表達出想法，要創立一個體系，要闡述一門科學」。可是，該寫什麼，怎麼寫呢？

發熱的腦子裡充滿了各種方案，塞滿了奇思怪想，但他一個也抓不住。他只好把隨身攜帶的過去的「作品」拿出來翻看，或許能從中找出靈感。但這些東西，內容不是講義，就是讀書札記或者是一些亂糟糟的草稿，他不斷地手忙腳亂地翻找，也不能確定寫什麼好。他索性又把這些東西丟置一邊，靜靜地苦思冥想，但兩個月一晃過去了，他還沒有最終確定寫什麼。

他首先意圖寫一本《論靈魂不滅》，為的是證明這種不滅不過是詭計。他也想寫《評詩才》，為寫這本書還做了許多筆記。他很熱心地閱讀斯賓諾莎《倫理學》的一個譯本。

經過深思熟慮後，巴爾札克認為哲學著作不會為他帶來榮譽與金錢，而他很需要這兩樣東西，如要獲得這雙重獎賞，還是投入到小說或戲劇事業比較好。

為此，巴爾札克「幾乎要失去理智了」。不過，有一點他在腦子裡是清晰的，即不能像在大學讀書時那樣寫哲學作品，因為

這些東西太耗心血、太費時間，又不賺錢。另外，他認為小說也不適合他寫。思索來思索去，他感到只有戲劇才是能發揮他天才的領域。

一方面，當時那些歷史的、新古典派的戲劇有市場；另一方面，戲劇只要寫得好，賺錢比其他文學形式要來得快、來得多。於是，他又跑圖書館，把當時流行的德國戲劇家席勒、義大利戲劇家阿爾費亞利、法國劇作家瑪利‧約瑟夫‧謝尼埃等人的作品一一借出來，仔細研讀、模仿，1819 年 9 月 6 日，巴爾札克終於敲定了，準備寫一部 5 幕詩體悲劇《克倫威爾》。

他寫信告訴斯洛爾：「如果你知道我現在在寫什麼，你準會吃驚得發抖，我已決意寫一部偉大的悲劇。懂嗎？偉大的悲劇。」

這是一部古代帝王克倫威爾的詩體歷史劇，名字就叫《克倫威爾》。他計劃用兩年的時間去寫作，然後進行修改。他的壓力是很大的，一方面是對自己才能擔心，一方面又為母親給他限制的兩年期限擔心，可以想像，在這種壓力下寫作心情會是個什麼樣子。

而且，他又是初學寫作，過去寫的那些東西都不是正正式式地從事寫作事業的作品。而現在是真正把它當成自己終生的工作了，寫作時的心態當然是不能相比的。在這重重的思想、精神、物質的重壓下，要寫出一部歷史題材的詩劇，談何容易。

但是，他不怕這一切，他在給妹妹斯洛爾的信中說：「即使在這個嘗試中使我垮了臺，我也決定要完成我的《克倫威爾》。在媽媽到這裡來要我向她陳述我怎樣把光陰消磨過去的情形以

前，我必須弄出一點東西來。」

他為自己取得的初步成果感到由衷地高興，忘不了信筆寫上幾句話寄給支持他搞文學創作的妹妹斯洛爾，信中說：

「我到底決定了以《克倫威爾》為題目，因為他是近代史上最好的材料。自從著手這個題目並把它在頭腦裡反覆考慮之後，我就沉浸於其中，幾乎對萬事都失去了知覺。」

這時候的巴爾札克像個南非的土著人，對外界事情一竅不通，一點不知道。他深深懂得：文學的成就只能靠孤獨的生活和頑強的工作去爭取。現在左右他身心的只有克倫威爾，他要寫好這部戲，使自己一舉成名！

克倫威爾是 17 世紀「兼羅伯斯比爾和拿破崙於一身」的有名的歷史人物，在英國資產階級革命中，曾擔任過獨立派首領，先後統率「鐵騎軍」、「新模範軍」戰勝了王黨的軍隊，宣布成立共和國，後又建立軍事獨裁統治，殘酷鎮壓國內民主運動並遠征愛爾蘭，一生經歷不凡，性格複雜，具有赫赫功績，在英國歷史上具有很大的影響。

因此，巴爾札克這一題材選得不錯，雨果也寫過這個題材，還產生了著名的浪漫主義的宣言《克倫威爾·序言》。但對於巴爾札克來說，正如他自己所寫到的那樣：

「各種意念積滿頭腦，然而卻不停地被缺乏寫詩的才能所阻撓，至少還得七八個月才能把這本戲寫成韻文，把內容推敲完善，再把整個戲潤色精彩，真不知道有多少層出不窮的困難會堆積在這種工作裡！」

第一間工作室

　　然而，就年僅 20 歲的巴爾札克來說，他缺乏的豈止是寫詩的才能，這種詩體要求有嚴格的句法和格律，他還不熟悉舞台技巧，甚至對歷史知識也缺乏足夠的準備，對歷史本身也缺乏深刻的體悟，因此，可以說，寫這種 5 幕詩體悲劇是注定了他失敗命運的。

　　巴爾札克太急於求成，太急於在兩年的有限時間內向父母交出考卷，太急於向世人展露他的文學才華了，以致他根本沒有時間甚至沒有心思去甄別自己的才華、氣質所在；他的澎湃的激情和無與倫比的想像力根本不可能在死硬的形式中發揮，他的意念的狂流一經阻滯，他寫的東西就只能是僵冷、空洞的一堆廢物了。

　　然而初生之犢不畏虎，一旦選定目標，巴爾札克就全神貫注地執行。他不分白天黑夜地工作，完全忘記了外面還有個喧囂的世界，他沒有娛樂，沒有休息，沒有交際，沒有朋友，唯一有的是一個想從社會的底層掙扎到上面來的人的苦惱和辛勞，有的只是在貧困的沼澤裡不懈跋涉，然後發誓要攀登上高峰的堅強意志。

首次創作失敗

　　從搬入萊斯堤尼爾街 9 號的那一天開始，巴爾札克便將自己納入偉大作家的行列了。他選擇了克倫威爾這位叱吒風雲的悲劇人物作為他寫作的對象後，便開始用著了魔的幹勁去工作了。這意味著他的苦行才剛剛開始。

　　萬事起頭難，這個時候正值冬季，冬日的嚴寒無情地攝取著巴爾札克身上的每一分熱量，但這一切都無法阻擋他對事業的追求。

　　巴爾札克只要投身於工作，就好像著了魔，他自己也說過，並且這是連他的死對頭也承認的。這是他有生第一次自願委身於僧院式的隱居生活。後來他一生中，每當工作緊張的時期，他就嚴格恪守這種生活。

　　巴爾札克開始不分晝夜地伏案寫作，動輒一連 3 天或 4 天不離居室。即使出門，也只是為了去買麵包、水果和一些咖啡，這是他過度疲勞的神經必不可缺的刺激品。

　　天冷的時候，頂樓四面透風，巴爾札克的手指對寒冷一向是敏感的，在這既透風又沒有生火的頂樓裡，逐漸麻木而有寫不了字的危險。然而他狂熱的意志卻不讓步。

　　他坐在桌邊，用父親的一條舊毛毯蓋著雙腳，身上裹著一件法蘭絨背心。從妹妹那裡求來一件舊披肩，用來在工作時圍裹肩頭，從母親那裡還求來一頂為他而織的帽子。有的時候，為了節

省昂貴的燃料，他坐在被子裡，用被子擋住襲到腳上的寒氣，繼續寫他的那本不朽的悲劇。

即使這樣，他的手還是如母親所期望的那樣凍得麻木了，可是他的身子卻沒有像他母親所期望的那樣離開這裡，回到生爐火的律師事務所去。寒冷侵襲了他的身體，卻絲毫侵襲不了他的精神。這種精神的烈焰，提供了強大的力量和激情。

在眾多困難中，唯一使他擔驚受怕的事還是日常的開銷，比如燈油的開支，當白天越來越短時他不得不早早把燈點上，這更增加了他經濟上的負擔。受著這種經濟條件的壓迫，巴爾札克更明白盡快寫出這部悲劇的重要性。

面對這殘酷的現實，巴爾札克只把內心的委屈對妹妹斯洛爾一個人講述，在他的抱怨中，最出色的一句就是：「你那注定應享有偉大榮譽的哥哥，飲食起居著實像一位偉人，這就是：他快要餓死了！」

時間在一分一秒地過去，它並不因這個青年的苦鬥而放慢一下腳步，也不因為他的緊張而為他多提供幾個鐘頭。時間的流逝，是巴爾札克最大的苦惱。

巴爾札克在迫不及待的心情驅使下寫啊寫啊，太陽穴悸動了，手指發燒了。他仍然堅持著、創作著，不肯放棄。

在此期間，《克倫威爾》的寫作步履艱難。巴爾札克一想起那些優秀的悲劇作家就夜不能眠。

他向妹妹開玩笑似的說：「在萊斯堤尼爾街 9 號的閣樓上，在我住的地方，一個年輕人的頭腦裡已著火。一個半月以來，消

防隊員已來到，但卻無法滅火。」

他不寫《克倫威爾》時，就寫古典式小小說作為消遣，有時，受拜倫的《海盜》啟發，想寫喜歌劇。

他也沒忘記活動一下身體，為了動動手腳，不顧路途遙遠，到拉希茲神父公墓玩玩。他看見墓碑時，就想到長眠在這裡的那些偉大人物。

1820 年 5 月 12 日，巴爾札克接到斯洛爾的來信，斯洛爾告訴他她要與歐仁·敘維爾結婚，請他 5 月 17 日來巴黎，參加在帕塞律師處的簽約並在星期四上午在聖·梅里教堂做彌撒。

巴爾札克在參加斯洛爾和歐仁·敘維爾的婚禮後不久，另一件重要的事使他興奮，老巴爾札克夫婦終於認可兒子的能力，召集幾個朋友，在帕里西城家裡的沙龍裡向他們朗讀兒子的悲劇作品。

事情的經過是這樣的，有一天，老巴爾札克家裡來了一位不速之客，他叫達伯蘭翁，一位批發鐵器的商人，是巴爾札克在萊斯堤尼爾街的鄰居。

當他認識了這位年輕人後，完全被這位苦修作家的精神感動了，於是，他常常從經濟上幫助巴爾札克。今天，是找上門來向老巴爾札克夫婦「問罪」的。

「弗蘭蘇，你太冷酷無情了。你的兒子在那種一般人難以忍受的環境裡生活，他快要餓死了！快要凍死了，難道你就無動於衷嗎？」

剛進門，來不及坐下，達伯蘭翁便朝著老巴爾札克嚷嚷起

首次創作失敗

來。接著，他便頗帶同情語調地向巴爾札克夫婦述說了他們的兒子近一年來的閣樓生活，並且告訴他們，巴爾札克的作品就要完成了。

商人的一席話使老巴爾札克夫婦倆動起了惻隱之心，他們的心眼裡不由升起一股憐憫愛惜之情。「他還真了不起，那麼菲薄的生活費，他居然沒借過分文的債務，可見兒子不是那種吹大話的浪蕩公子。」

巴爾札克的母親眼前突然一亮，升起另一種羅曼蒂克的念頭，兒子如果真的成了作家，不也是巴爾札克家族的榮耀嗎？不也是自己的光彩嗎？她顯得特別興奮，達伯蘭翁告辭時，她拿出150法郎，50法郎給達伯蘭翁，感謝他對巴爾札克的幫助，另100法郎托他給巴爾札克捎去。

最後，當賓主走到大門外時，巴爾札克的母親又突發奇想，她對這位熱心的鐵器商人說：「請你轉告歐諾黑，讓他把手稿送回家，我要為他舉辦一次盛大的作品朗誦會。」

1820年5月的一天，巴黎郊區的巴爾札克家中，一派熱烈而隆重的氣氛，客廳打掃得乾乾淨淨，親戚朋友們像過節一樣等待某個時刻的到來，老巴爾札克夫人也顯得很激動。她高聲地指揮大家，將一個個圈椅擺放成美麗的月牙形，月牙形圈椅的前方，擺放著供巴爾札克朗誦與表演的一張小方桌。

參加人員有巴爾札克的父母，妹妹斯洛爾及其妹夫，還有他的兩個至交：拿克加爾大夫和達伯蘭，前者不僅關照他的健康，而且把他從事的文學事業看得至為神聖，並不惜從精神、物質兩

方面支持他；後者雖是一個沒什麼文化的小商販，但他早就看中巴爾札克是個天才人物，將來肯定會大有出息，於是隨時隨地給巴爾札克極大的物質、精神鼓勵，從這兩個普通人身上，似乎也可以看出整個法蘭西民族對文化的狂熱追求和衝動。

　　這些客人中還有一位小有名氣的詩人。大家帶著好奇與希望，準備聆聽年輕詩人的劇作。

　　時間差不多了，老巴爾札克夫人滿意地審視了自己的精心安排，認為無一疏漏，便鄭重宣布朗誦表演開始。

　　一直被母親安排在幕後的巴爾札克登場了。只見他此刻已經換上與家庭地位相符的裝束，新漿洗過的硬領白襯衣配上一條帶金絲邊的紅格領帶，顯得特別精神。剛熨燙過的黑色燕尾服筆直挺括，平日蓬鬆而不馴服的頭髮，已梳理得整整齊齊，並且泛著髮蠟的光亮。

　　由於是巴爾札克作品的初次朗誦，他懷裡好像抱了隻兔子，惴惴不安。剛剛站到桌子前，巴爾札克拿稿的一隻手便開始抖動，另一隻手膽怯得也不知放在哪兒好了。本來挺明亮的一雙眼睛，這時也顯得有些徬徨疑惑。「第一幕，第一景……」連聲音都顫悠悠的。

　　巴爾札克賣力地讀著詩句，眾人們吃力地聽著詩句，整整持續了4個小時，客廳裡的氣氛由開始時的高昂興奮，漸漸地沉悶與乏味起來，當巴爾札克終於氣喘吁吁地唸完之後，一片令人窘迫的寂靜，誰也沒有恭維作者。

　　巴爾札克禮貌地向諸位鞠躬行禮，算作謝辭。雖然沒有聽

首次創作失敗

到讚美，但他依舊很樂觀，眼前的「評審團」一個是軍隊的給養官；一個是橋梁工程師；一個是內科醫生；一個是鐵器商人⋯⋯沒有一個人對文學在行，怎麼能夠給出客觀的評價呢？

在這件事上，略感失望的老巴爾札克比所預料的更為激動，他說「審判委員會」可能弄錯了，聰明的辦法是將《克倫威爾》讓「有權威和公正的人士」審閱。

於是，巴爾札克的母親和妹妹斯洛爾一起，捧著這部她們尚無法鑑賞的作品，來到了法蘭西學院教授和文學院院士安德烈家裡。安德烈曾是幾部詩體喜劇的作者，而且他的作品都在舞台上演出過，反響不錯，他是有資格為巴爾札克的作品寫最後鑑定的權威人物。

過了不久，安德烈先生回信給巴爾札克夫人，如此寫道：

> 我非常不願意使令郎氣餒，然而我的意見卻是，他能夠比寫作悲劇和喜劇更好一點地使用他的時間。如果他能賞光，來看我一次，我將樂意向他解釋，按我的意見，純文學應如何學習，以及他能從文學中得到什麼好處，而不必選擇詩詞作為職業。

幸好，安德烈先生並沒有完全否認巴爾札克，認為他還能「從文學中得到什麼好處」。當然這成了巴爾札克反駁母親指責的實據。事實上，不管安德烈先生如何評價《克倫威爾》，都不會令巴爾札克放棄寫作這條路。

巴爾札克就像個皮粗肉厚的野孩子，他只說了句：「這沒有什麼，只是悲劇不適合我來寫而已。」說完，便擦去身上的土，拭去額角上的汗，又大步向前跑去了。

的確，雖然《克倫威爾》這部悲劇確實不是什麼傑作，但是處女作品的失敗也是包含很多原因的。首先，在文學起步之初，巴爾札克還不知道他的天才應該施展在什麼題材上，又沒有前輩悉心點撥。

　　詩體悲劇不但需要熟悉人情世故，而且必須掌握舞台技巧，這都是這位文學新人所難以運用自如的。而且，巴爾札克的壓力太大，父母彷彿在用鞭子追趕著他，使他無暇靜心地分析自己的氣質，急急忙忙地拼湊詩句與韻腳，這些都是失敗的原因。

　　巴爾札克過了一回當作家的癮，可惜處女作無可奈何地夭折了。他沒有辦法接受這一事實，他不願承認自己的失敗。他只是覺得他哪裡出了點差錯，使他心中醞釀已久的要表達的意念，要建構的體系和要闡明的學問沒有以最佳的方式如實地反映出來而已。

　　可是，他不承認失敗已於事無補，最為現實的問題是，他要生存，然後才能創作。處女作的夭折，父母已不允許他把文學當職業。

　　《克倫威爾》失敗之後，父母──尤其是母親勸告他，可以把純文學當做一種嗜好，一種所謂「正當」職業後的「副業」，謀求一個健全而獲利的職業才是當務之急。

　　巴爾札克不為所動，他對母親說：

「如果我有了職業我就完了。我將成為一個小職員、一架機器、一匹馬戲場裡的馬，在指定的鐘點裡圍著場子跑上三、四十圈，在指定的鐘點裡喝水、吃飯、睡覺。我將僅能成為一個專心於日

首次創作失敗

常瑣事的人，這就是所謂的生活，像石磨般旋轉，永遠相同的事
情永遠反覆著實現！」

巴爾札克拒絕妥協而堅持他的合約，和父親訂的契約上，兩
年實驗時間還剩下一整年時間才期滿，他要充分地利用它。懷著
鍥而不捨的精神，巴爾札克又心甘情願地回到那間「囚室」中
去了。

轉戰商業小說

　　處女作夭折，巴爾札克又回到了萊斯堤尼爾街 9 號那間囚室之後，他躺在「吱呀」作響的破床上，一手枕著沉重的腦袋，一手隨意地無力地攤放在床沿上，透過屋頂裂開的瓦縫，他漠然凝視著那片藍天。他努力地幫自己打氣，想要理出一些頭緒來，看看處女作究竟為什麼失敗了，眼下該做些什麼為好。

　　一年前，當他從律師事務所的凳子上跳起來，跑回家向父母宣布要當大作家的時候，他是十分驕矜的，甚至可以說是十分狂妄的。在他的想像中什麼困難也不會有，世界全不放在他眼裡。他認為憑藉他的才華，他的學識，他的智慧、聲名、榮譽、自由、金錢，這些人人豔羨的東西，他，歐諾黑・德・巴爾札克完全可以一蹴而就。

　　然而，《克倫威爾》這部作品的夭折，挫敗了他的驕矜、狂妄，他不得不現實地考慮些問題了。

　　巴爾札克從來就不是一個悲觀主義者。處女作遭「槍斃」，他另起爐灶，重新開始。詩句難以雕琢，就用散文筆法寫；不善於構建戲劇，就寫作小說。就這樣，他像一艘開足馬力的帆船，在文學的海洋中劈風斬浪，繼續摸索著、前進著。

　　巴爾札克知道，「只要一個人意識到自己的內在力量，他就能受得住沉重的打擊」。他意識到，《克倫威爾》的失敗是他選擇的失敗，而絕不是自己沒有才能。不過，透過《克倫威爾》的

寫作，他從事寫作，以寫作為職業的決心是更加堅定了。

悲劇的相對固定的形式，桎梏住了巴爾札克的跳動的意念和奔放的才情，但是沒有打消巴爾札克要成為作家的夢，於是，他開始了小說的創作。躲過了初始的滅頂之災，這航船並沒有直接駛入汪洋大海，而是艱難地求索了很久很久。

1818 —— 1828 年，是巴爾札克創作的第一階段，也是他創作的摸索階段。

賣文為生的日子是清苦的。父母給他提供的費用連最低的生活標準都難以達到，而且眼見著期限就要到了。這位可憐的未來作家，從拿起筆的一開始就時時處於危機感之中，他還常提心吊膽地害怕善變的母親指不定哪天會突然中止金援，勒令他重新坐到律師事務所的板凳上去。

在這段時間裡，巴爾札克一直在寫小說方面找出路。他開始創作長篇敘事小說《阿加蒂絲》。故事發生在十字軍東征時代，由於寫作根基淺，這本小說寫得雜亂無章；他又寫起另一種形式的文章《法爾圖爾納》，這篇道德說教式的文章也沒寫完；巴爾札克又嘗試起書信體小說《斯特尼或哲學的錯誤》，但都無法令人感到滿意。

巴爾札克時常感到惆悵和痛苦，要寫一部好的作品需要很深的文學功底和非常多的經驗知識。他的目的是當一流的作家，這個初衷並沒改變。但是很顯然，以他目前的能力來看，一時是不能靠傑作一舉成名和一鳴驚人的。他需要實實在在地靠寫作賺點錢，先贏得經濟上的獨立，擺脫家庭的羈絆和控制。

巴黎街頭，聖米赤爾廣場上的小書攤一個接一個地排列著。什麼海盜生活的小說，行俠仗義的小說，邪怪與豔情的小說，以及冒險奇遇之類的小說，充斥著所有的書攤，而且裝幀粗俗，印刷品質糟糕。這時，法蘭西的文學界正經歷著形形色色文學思潮的衝擊。

　　因為，拿破崙的時代結束了，重新恢復了波旁王朝的統治，人們曾經有過的激情也開始冷卻，人人都像生了大病一樣，無精神追求，無精神寄託，只好從光怪陸離的「書攤文學」中尋找酒後茶餘的消遣和精神刺激。

　　巴爾札克的文學夢遭到打擊後，曾有一段時間，他整天漫步在廣場和街頭，並隨意瀏覽書攤上五花八門的小說。

　　這時，浪漫主義小說風行一時，英國浪漫主義小說家司各特和美國浪漫主義小說家庫柏等人的作品不脛而走，巴爾札克也有意加入這個陣營並立即行動起來。

　　過了不久，機會果然來了。就在巴爾札克的附近，住著一位不同尋常的「打工仔」，他自稱為德‧來哥羅維耶‧勒‧波阿特萬‧奧古斯都，好像是個貴族青年，實際上是個「文學掮客」。他的年齡與巴爾札克相仿。

　　這個年輕的市儈文人頭腦靈活，擅長經商，他目前從事的工作就是編寫流行小說，之前他已經拼湊出一兩本流行小說，並聯繫到一家出版商，出版商為此付給他 800 法郎現錢，作品將於 2 月間分兩冊以奧古斯都‧德‧維也爾熱萊的假名問世，由王宮廣場的於倍爾書店發售。

轉戰商業小說

　　有了資源後，奧古斯都便想靠發行流行小說發財，所以正在尋找一些快手來提供稿源。他正在物色一位有才氣的需要金錢的合作者，來共同「製造」流行小說，以便多出書，快賺錢。

　　事情往往就是這樣。當一個人失意徬徨時，常常會有一個「魔鬼」來靠近你，它利用你的迷惘、徘徊，向你灌輸一些似是而非的思想，使你稍不留神便誤入歧途。巴爾札克就遭到了這樣的影響。

　　於是，在某個黃昏，奧古斯都和巴爾札克在一家餐館裡結識了，簡單地交流之後，兩個人儼然已經成了朋友。

　　開始的時候，巴爾札克向這位新朋友抱怨「自己的成功無路」。奧古斯都向他解釋說：「你之所以倒楣，其真正原因是你對文學的野心過大！藝術良心與寫小說何干？何必如此鄭重其事？」

　　奧古斯都得知巴爾札克搞文學創作的窘境，便立刻發揮他能言善辯的特長，運用如簧巧舌，委婉地述說起在巴黎金錢的重要，述說寫書攤小說如何省力，如何賺錢。

　　他說：「我們這種小說容易得很！只要物色或剽竊到一個題材，歷史上一點什麼事，只要是出版商特別關切的題材就行，然後以盡可能的高速度殺出它幾百頁，最好是幾人合作！」他已經有了一位出版商肯接受他們的作品。

　　他信誓旦旦地向巴爾札克保證道：「老兄，你不用出屋，只要寫稿，其他工作都由我來完成，鈔票就會自然來的。」

　　看著巴爾札克有些猶豫，他就又勸說道：「如果你擔心將來

成名了，這段時間的寫作會影響你的聲譽，你可以編個假名字嘛！」

巴爾札克意識到自己目前已經沒有更好的出路了，便答應了奧古斯都的提議：由奧古斯都負責拼湊荒誕古怪的離奇事，負責聯繫出版商，巴爾札克執筆，完成手稿，報酬對分。兩人一拍即合，第二天，便馬不停蹄地開起了「小說製造公司」。

與此同時，在生活方面，巴爾札克很走運。家裡這邊，父母已經下達了最後通牒，告知巴爾札克必須在 1821 年初搬離萊斯堤尼爾街 9 號。斯洛爾結婚後，帕里西城的住房就空出了一間，巴爾札克的父母認為兒子在巴黎實習時間已夠長久，得回家來了，現在家裡具備各種舒舒服服的條件。

由於父母沒有再強迫他放棄寫作，而巴爾札克「小說製造公司」的第一部稿件還未完成，迫於生計，巴爾札克只得乖乖地服從了父母的安排回到家裡暫住，他已經下定決心，等賺夠了生活費就要另找一處住所。

回到家後，他一頭栽進「流行小說」的創作之中。父母見兒子整天埋頭寫作卻看不見收入，就又不放心地嘮叨起來。他們看不慣 20 多歲的兒子沒有工作，不能養活自己。

巴爾札克卻信心百倍地放出一句話：「你們放心好了，已經有人買我的書了。」

巴爾札克心裡很明白，當務之急就是賺錢，只要寫的東西能賣出去，變成現錢，寫什麼與怎樣寫又有什麼關係？文學家的聲譽、藝術家的光環只能暫時收起，待到賺了大錢以後再去追求了。

轉戰商業小說

　　現在，他把小說工廠安置在妹妹從前的小屋裡。在這裡，妹妹斯洛爾從前曾沉溺於哥哥來日成名的浪漫夢想。巴爾札克日日夜夜地從事工作，一會兒就把一張迅速寫成的稿紙疊放到另一張上去。

　　他以令人吃驚的速度工作著。他一天的工作，由寫 20 頁、30 頁增加到 40 頁。後來，竟至於一天寫出一章的平均數。他每 3 天就得換一瓶墨水，每 3 天就得換掉 10 個筆頭。他就像一個船主的奴隸一般，一刻也不停地划著槳。他就像一個後面有追捕者的逃犯一樣，在肺葉都要鼓炸的喘息裡不停地奔跑。

　　巴爾札克和奧古斯都合作的第一部長篇小說名為《畢拉格的女繼承人》，這為他們贏來了 800 法郎，是巴爾札克有生以來的第一筆收入，也是他的文字第一次印刷成書，然而，一直想出名的他卻沒有署上真實姓名，而是化名為「羅納勛爵」。

　　說來也奇怪，他精心創作的詩劇無人問津，而他這麼粗糙地寫出的小說，卻一本一本地印刷出來，還廣有銷路。多謝他的夥伴兼代理人的積極活動，使得任務刻不容緩地蜂擁而來。他們的小說工廠就像一架重錘擺動得十分平衡的大鐘，巴爾札克專管寫作，奧古斯都專管拿出去兜售。

　　很快，巴爾札克的收入由第一本的 800 法郎增加到了 2,000 法郎。一個月後，巴爾札克把 1000 法郎放到了母親面前。母親驚呆了，她知道，過去她一年供給巴爾札克的費用也不過就是 1000 法郎。可今天，這個蠢孩子一個月就賺回來了。

　　兩個月後，巴爾札克又把 2,000 法郎放在了母親面前。好傢伙，這下，巴爾札克在家中的地位陡然高了起來。一向看重金錢

的父母萬萬沒有想到，他們曾經鄙視的文學，竟然也能賺來大把大把的鈔票。於是，巴爾札克的父親，這個性情溫和的老紳士心滿意足地說：「我真誠地希望你能夠取得更大的成就。」

母親則相反，她本來就喜歡否定和阻撓兒子所做的任何事情，此時，她又以強加干涉的想法來破壞兒子的心情！

她把這個設立在她家中的小說工廠當成一樁家庭事務，忍不住要充當巴爾札克的評論者與合作者，她抱怨巴爾札克的文章粗糙，一遍又一遍地督促兒子一定要仔細校改稿子。

尤其是巴爾札克工作的廢寢忘食，使這個經常焦慮、喜歡淚眼婆娑地訓斥孩子的母親感到了害怕。她總是不停地責備兒子：「你創作的時候這樣玩命，如果繼續這樣，再過 3 個月，我就得把你當成一個癆病鬼養活了。」

巴爾札克感到不可理喻，自己拚命地趕寫這些沒有營養的無聊文章，難道不是迫於生計嗎？而如果母親肯在經濟上扶持一下兒子，自己又何苦如此呢？

出於由來已久的積怨，巴爾札克對於母親的「指手畫腳」感到不快，這對母子總是很難心平氣和地進行溝通，於是，母親又滿臉不悅，憤憤地說：「歐諾黑太自負了，他把別人的感情都傷害光光了。」

而巴爾札克想的是，一定要趕快從家裡搬出去才好。

1822 —— 1825 年，巴爾札克就一直從事這種商業小說寫作工作。據最保守的估計，巴爾札克每年至少要炮製十多部小說。這類作品都是迎合社會上一般讀者消遣解悶、尋求刺激的心理而

作的，並沒有什麼深刻的文學底蘊，但是卻為巴爾札克換來了最初的糧草。

3年過去了，巴爾札克一直沉溺於「小說製造公司」的事業。後來他又招兵買馬，辦起了「分公司」，他僱用了一批文學青年，由他向他們講述杜撰的荒唐故事，然後，一人承攬一部分寫作任務，最後再由巴爾札克串聯成書。為了得到些微的物質保證，巴爾札克只好不斷地出賣自己的精力。

巴爾札克像開足了馬力的機器飛快運轉。人們能夠考證出是他早期作品的有《拾來的姑娘》、《猶太美男子》、《百歲老人》、《最後一位仙女》等一系列小說，還有《不受愚弄的祕訣》、《巴黎招牌趣味辭典》等「生活指南」式的雜著。這些作品，巴爾札克全部用的化名，都是純商業性質的東西。

但是，巴爾札克自己卻漸漸地感到不快樂。因為寫流行小說並不是巴爾札克的初衷，對於藝術他還有更高的追求。對一個20來歲的青年，一個在人生道路上剛剛起步的而且是急需用金錢來保障自己自由的青年來說，要在嚴肅的文學道路上走下去，就必須保持經濟的獨立，所以巴爾札克眼前的這種情形也是可以理解的。

然而，經濟問題解決了，巴爾札克卻感到越來越空虛，好像還有什麼光輝的使命沒有達成似的。他時時為把自己「思想的精華消耗在如此荒謬的事情上而難過」。昔日的抱負，藝術的良知，時時在這個年輕人的心中掠過，反覆阻擋金錢對於他的誘惑。

在後來巴爾札克的作品中，他不無深刻地剖解了這種心理：「為了獲得自由，他竟賣身為奴。」在巴爾札克用日日夜夜奮筆疾書的代價獲取了被書商們剝削後所剩下的一點點金錢後，他開始意識到自己得失的懸殊了。

一天，巴爾札克與妹妹斯洛爾在房間裡悠閒地聊天。開始，巴爾札克忍不住愛高談闊論的習慣：「親愛的妹妹，你知道嗎？我現在工作得就像亨利四世的馬在被鑄成青銅以前一樣，我希望在今年年底前弄到 20,000 法郎，我要使這筆錢成為我運氣的基石！」

妹妹此刻卻撇了撇嘴，責怪地說：「我才不稀罕借你的禿頭光呢！但是，過去你寫書的時候，我最支持你，現在書寫成了，你怎麼不肯送我一本呢！」巴爾札克聽了妹妹的話，臉騰地紅了。只有巴爾札克自己清楚他不願意把所寫的書送給妹妹看的原因。

巴爾札克明白這些東西除了能賣一點錢之外一文不值，並為自己陷入這種生涯而慚愧。他寫信給妹妹，痛苦地袒露自己的真心：

> 我希望靠這些小說發財致富，這有多麼墮落！為什麼我沒有
> 15,000 法郎的年金，使我能夠體面地工作。我總得獨立起來。為
> 此，就只有用這樣的方法。

他哀嘆道：「我看見有個東西在向我招手，只要物質條件稍稍有所保障，我一定要腳踏實地地工作。然而，現在卻不得不把精力消耗在如此荒謬的勾當上，這多麼令人難過，我那些輝煌燦爛的計劃破裂得多麼慘呀！」

後來，巴爾札克在一篇文章裡這樣為自己解釋道：

轉戰商業小說

藝術家並非像黎希留所說屬於利祿之輩，他不像商人一樣，滿腦袋裡貪得無厭的就是財富。

如果他為金錢忙碌，那只為的是濟一時之急。因為吝嗇是天才的死敵。一個創造者的心靈需要的是慷慨相助，絕不能讓如此卑劣的感情從中占有地位。

他準備著將來一旦有了足夠的錢，即開始進行自己偉大的創作。然而，無論巴爾札克如何拚命，這種「可憎的方法」都並未使他真正致富和獨立，他無法排解那種不賺錢就隨時有可能吃不上飯的危機感。

這段時期，巴爾札克創作了這些數量可觀的商業產品，卻始終不肯署自己的真實姓名，後來更是閉口不提，並且在《人間喜劇》的前言中鄭重其事地否認那些作品是他的手筆。後人們不難在這種行為背後，看到這個偉大作家面對現實生活的無奈。

其實，這段寫作生涯的確消耗了他生命中最寶貴的青春歲月，但是並不是一無收穫的，只不過巴爾札克本人沒有看到罷了。

正是有了這段時期寫商業小說的磨練，才鍛鍊了巴爾札克的筆力，使他對文學語言的掌握、對作品中人物及情節的駕馭得到訓練，後來，還為他創作《幻滅》等傑作提供了素材呢！

摯友終生難忘

日子在一天天過去，巴爾札克全然投入到寫作之中，卻沒有注意到終日鬱鬱寡歡的妹妹斯洛朗。

斯洛朗已到了婚嫁的年齡，卻沒有人向她求婚，內心感到十分的苦悶。家裡生活平靜，單調乏味，她羨慕姐姐有了乘龍快婿，而自己卻形單影隻。

老巴爾札克先生為斯洛朗物色到了一位挺體面的對象蒙塞格爾先生。這個年輕人有著雙重的貴族姓氏。他的父親與老巴爾札克先生是在王家議會認識的，後來又在糧食局共事。而蒙塞格爾又比斯洛朗大 15 歲，這在家庭生活中是最穩定的保證。

巴爾札克一家沉浸在喜悅之中，為小女兒能夠找到這樣高貴的夫婿感到自豪。斯洛朗沒有嘗過談情說愛的滋味，並出於虛榮心，認為不久就要像姐姐那樣有僕人、會客日、四輪馬車和一群可愛的孩子，過上太太們的生活，也成日裡興奮不已。

婚禮於 1821 年 9 月 1 日在第七區區政府和聖‧弗朗索瓦教堂舉行。巴爾札克家曾把求婚者捧上了天，不久，他們發現自己上當了，因為蒙塞格爾已瀕臨破產，而岳父一家卻毫不知情，現在連斯洛朗陪嫁過去的珠寶首飾都已經被丈夫典當光了。

當老巴爾札克夫婦認識到新女婿的卑鄙自私後，堅決拒絕借錢給他，還幾乎斷絕和女兒女婿的來往，老巴爾札克夫人唯一給他們的一個恩賜是在她的不幸的女兒快臨產時去看望了這對夫婦一次。

摯友終生難忘

　　現在，老巴爾札克一家在忙著和另一個有身分和金錢的家庭來往。這是他們的鄰居加布里埃爾‧德‧柏爾尼伯爵一家。這一家就住在帕里西城莫街的房子裡。

　　這是一座栽滿鮮花、有庭院、維護得很好的建築物，鋪沙的院子裡還有橘樹和石榴樹作點綴。每當巴爾札克路過那裡，都會聯想到，這個世界可真小：直至 1815 年，這座房子是夏爾‧德‧蒙塞格爾，即巴爾札克家卑鄙無恥的女婿的父親的財產。他破產後將房子賣給王家顧問加布里埃爾‧德‧柏爾尼伯爵。

　　1799 年，加布里埃爾‧德‧柏爾尼伯爵進入令人羨慕的供應局，後來又當了內政部人事司副司長、巴黎法院顧問，夫婦倆有 9 個孩子。因為老巴爾札克先生也在行政部門工作過，所以說他與加布里埃爾‧德‧柏爾尼伯爵應該算是老熟人，他們在後勤部門工作時都發了財。

　　更加巧合的是，老巴爾札克一家搬到帕里西城後，又與伯爵一家成為了鄰居，這樣他們的友誼就又進了一層。

　　伯爵先生的太太德‧柏爾尼夫人原名路易絲‧安托瓦妮特‧洛爾‧伊奈。她的個子不高，但是心地善良，年輕時是個嬌小的美人兒，隨著年歲的增長更加溫柔賢惠，風度儒雅。

　　巴爾札克家與其比鄰而居後，一度過從甚密。巴爾札克家常常以能與伯爵先生一家接近為榮。老巴爾札克夫人成了德‧柏爾尼夫人的密友，斯洛朗則是德‧柏爾尼女孩們經常的遊伴兒。

　　當巴爾札克回到家居住的時候，父母便把增進兩家友誼這個適宜的工作交給了他，父母認為他也該為家裡做點有用的事情以

貼補食宿的費用。於是，在巴爾札克寫小說的間隙中，他被安排幫弟弟亨利補習功課的工作，而亞歷山大·德·柏爾尼與亨利同歲，這當然是再自然不過的事。

巴爾札克本人也喜歡利用這個機會來甩開父母的嘮叨，於是把越來越多的時間消磨在舒適和快活的德·柏爾尼家裡了。德·柏爾尼夫人家的寬敞別墅中由於有幾個漂亮的男孩和女孩而平添了不少情趣，氣氛中充滿歡笑、嬉戲、機智的談話，這都是巴爾札克喜歡的。

巴爾札克逐漸會在他並不該教功課的日子裡也動輒踱向德·柏爾尼家去，在那裡消磨整個下午和黃昏。並且，他對修飾比從前注意得多了，對自己有所制約，不像從前那樣高傲，而且顯然變得和藹多了。

其實，此時真正吸引巴爾札克的不是別人，正是那位善解人意、風度翩翩的德·柏爾尼夫人。巴爾札克此時深深地愛戀上了這位夫人，這是一種法蘭西式的愛情，它超越了身分和年齡的界限，這在一些人心中是不可理解的，但是發生在巴爾札克身上卻不足為奇。

因為自身長得醜陋，而在愛情方面多少有點自卑的年輕人也期待美好的愛情，然而現實是從沒有年輕的女孩對他展開親切的笑容。

巴爾札克自己在《驢皮記》裡就曾描寫過他早年在這方面失敗後的絕望心情：

摯友終生難忘

我的心靈在它努力尋求表現時曾接二連三地受到傷害和阻礙。它就日益深藏固蔽。天性坦白率真如我，在外表上卻不得不顯得冷酷造作。我既害羞又拙笨，我真懷疑我的語調能否有最細微的表現力，我自己討厭自己，我自知醜陋，以此自慚。

縱然在絕望的時刻，總有那個支持天才者的內在呼聲向我呼叫：勇敢，堅持；縱然總有那啟示的突然閃光來照耀我的孤獨，表明我所具有的力量；縱然當我把流行的作品跟我從想像力中創造出來的藝術作品作以比較時使我獲得了希望；縱然有這一切，我仍然像個孩子那樣將信將疑，我是狂熱雄心的俘虜，我相信我是命定要做大事業的，可是同時我又看出我的輕微、藐小、毫不足道！

然而，命運並沒有遺忘他，當他在文學道路上艱難跋涉的時候，德·柏爾尼夫人像神的使者一樣走進他的生活。在《論藝術家》一文中，巴爾札克說：「如果有值得世人感恩不盡的功績，那就是某些女性為愛護這些光輝的天才，這些可以左右世界而自身不得溫飽的盲者，所表現的至誠和忠心。」

在巴爾札克通往文學殿堂的道路上，雖然阻撓很多，但是也有一些知音，德·柏爾尼夫人就是一個。這個女人在巴爾札克身處逆境，負債累累時，毫不猶豫地向他伸出了援助之手。她理解巴爾札克的人生選擇，還多次為巴爾札克償還債務。她的慷慨解囊使巴爾札克度過了一個又一個難關，而她的精神支持，她的惠顧和愛助則鼓勵和哺育了巴爾札克。

柏爾尼夫人與巴爾札克的關係頗像華倫夫人與盧梭的關係。巴爾札克一生對柏爾尼夫人深懷感激之情。

一次，柏爾尼夫人正在巴爾札克家裡做客，僕人忽然來報告，說巴爾札克的債主們又找上門來了，問巴爾札克應該怎麼辦。巴爾札克此時已經沒有償還債務的能力了。此時他不知所措、一籌莫展。因為這個時候，他正值身無分文，哪裡有錢還給那些像吸血鬼一樣的債主呢！他連忙吩咐僕人，一定要和債主們說，主人不在家裡，然後就準備從後門溜之大吉。

　　柏爾尼夫人卻顯得十分鎮靜，她微笑著問，討債的人要多少錢？僕人報上來一個數字，很顯然那是不小的一個數目。

　　柏爾尼夫人絲毫沒有猶豫，立刻拿出筆來開出一張支票給了僕人，「把這個給他們吧！」債主們拿到了支票，便紛紛離開了。柏爾尼夫人經常替巴爾札克處理類似事情，但是這位可愛仁慈的夫人卻從來沒有抱怨過。她也沒有因此朝巴爾札克逼過債。她一直默默地給予巴爾札克經濟上的幫助，即便對於巴爾札克的鉅額債務來說，這樣的幫助也是杯水車薪，但是她對巴爾札克的恩情是巴爾札克一輩子都難以忘記的。

　　這一切，巴爾札克都銘刻在心：「從 1823 年至 1833 年間，在人生這場可怕的惡戰中，一位天使給我支持。柏爾尼夫人即便有家有室，卻像上帝一樣對我無微不至。」

　　「她是母親、是女伴、是家園、是知己、是慰藉；她造就了作家，她安撫了青年，她提高了智趣，她像親姐妹一樣為我歡笑，陪我哭泣，她每天都來到我的身邊，像一個美好的夢，使我在沉睡中忘卻了苦難。她想方設法提供高達 415 萬法郎的鉅款給我。」

摯友終生難忘

「毫無疑問，要是沒有她，我早就沒命了，她鼓勵了我的自尊心，使人免受墮落。」這是巴爾札克發自肺腑的聲音。巴爾札克在德‧柏爾尼夫人生前死後所寫的關於她的一切，構成了一組對這位偉大女性的感恩戴德和欣喜若狂的讚美詩。柏爾尼夫人所給予他的勇氣、自由、外在的和內心的安全感是不可言喻的。柏爾尼夫人就像巴爾札克的一位親人，她給了巴爾札克很多關愛，彌補了巴爾札克不幸的童年時代的缺憾。

於是，在《幽谷百合》中，作者巴爾札克創作了一位非常理想化了的德‧莫爾梭夫夫人的形象，但他也只稱之為那是與柏爾尼夫人相去懸殊的身影，只是那位婦人一些次要品德的輕描淡寫。

同柏爾尼夫人這場深度靈魂的碰撞「作為他一生中無比的一次幸福遭遇」曾由他以極其優美的言辭描寫過：

你曾經有過福氣遇到這樣一位女人嗎？她的歌唱般的聲音使她的字句倍增魅力，這種魅力也同樣貫注於她的千姿百態。

一位婦女，她知道什麼時候說話，什麼時候緘默，以完美的嬌柔感博得你的注意，選擇字句妥帖恰當。她的語言非常純潔，她的戲弄很像撫愛，她的批評絕不傷人。

她不以聒噪的態度處理事情，而是滿足於引導一場交談並使談話適可而止。她舉止總帶著微笑的媚姿，她的嫻雅絕非造作，她能盡力而為卻不過分心焦。

這個女人真是麗質天成，她所作所為絕無一絲矯情，她從不炫耀自己，顯示她的感情純粹由於她誠有所感。她既溫柔又活潑，她的同情心表達得格外沁人心脾。你會如此熱愛這個天使，即使她做錯了一件事，你也心甘情願承認她是對的。

嘗試經商失敗

從 1822 年 11 月開始，巴爾札克家離開帕里西城搬到巴黎的多雷正街 7 號。巴爾札克也要為住在雙親家裡負擔費用。11 月 1 日，他和父親談定並簽約，每月為租金和伙食付 100 法郎。

1823 年 1 月 31 日，巴爾札克的外婆因病去世，在喪事以後，他住到多雷正街 7 號 3 層樓套房裡。這就和雙親及年輕的亨利更接近了，亨利表現得更輕浮、揮霍，做什麼都做不好。

1824 年 6 月 24 日，巴爾札克家用 10,000 法郎購買了他們當初租住的屬於夏爾·薩朗比埃的房子。老巴爾札克先生認為農村的空氣對那些想活動筋骨的老年人十分有益。他們很快又回到老地方居住。

但是從 8 月開始，巴爾札克就拒絕再和家人住在一起了。這一次，他不住多雷正街，而在塞納河左岸圖爾農街 2 號漂亮房子的 6 樓租了一套房子，這樣壓在他身上的經濟壓力就更大了。

巴爾札克於是想竭盡全力獲得成功，做出驚人之舉，使事業輝煌。如果能賺錢，日子就不會難過。現在，他靠最初出版的那些小說，靠這種性質的文學事業賺來的錢是不夠花費的。他的目的是更上一層樓。

也許是因為對炮製小說感到無奈，更重要的還是為了多多賺錢以取得經濟上的獨立，巴爾札克又在設法尋找新的生財之道了。

嘗試經商失敗

1824 年冬天，他結識了出版商卡耐爾，卡耐爾向巴爾札克透露了自己一個賺錢的計劃，聽得巴爾札克熱血沸騰。

卡耐爾興奮地對他說：「親愛的巴爾札克，我有個賺錢的計劃，你可以聽聽。」

巴爾札克睜大那雙富有神采的眼睛，快活地說到：「哦，說來聽聽，夥計。」

卡耐爾告訴他，目前，有一樁很有賺頭的出版生意，那就是為暴發戶的資產階級出版一批書籍。

卡耐爾說：「是這樣，巴爾札克，你想想，在法國有那麼多大作家，他們的作品也已經深入人心，人們在心中敬仰他們，那麼，我們完全可以把這些作家的作品集結起來出版，這樣一定會使你發大財的。」

卡耐爾告訴巴爾札克，那些暴發起來的資產階級是不看書的，但是，他們有了錢就想爬進上流社會，而要進入上流社會就必須進行包裝，書是不可缺少的重要裝飾。

卡耐爾還頗顯內行地告訴巴爾札克，怎麼印這些書籍也大有文章。他打算採取縮印的形式，把一個著名作家的全集印成一本，打破過去一大套幾十冊的慣例。這樣，放到書架上，既省地方，又新潮，如果再把封面印製得精美一些，肯定更受歡迎。

這無疑是一個既能賺錢，又有意義的好事。但是卡耐爾缺少資金。於是，這位精明的商人就向巴爾札克提出了合作的要求。巴爾札克對這個計劃立即表示了贊同，而且慷慨解囊。願意無條件地分擔那股份的 2/3，即 1,500 法郎至 2,000 法郎。並且答應

給拉·封丹和莫里哀這兩位作家的全集寫兩篇序言。

在這個出版商的鼓動下，另外還有一位退休的官員和一個大夫，也參加了進來。他們每人的股份是 1,500 法郎。合約簽訂了才一個多月，包括卡耐爾在內的其他合夥人便嗅出了苗頭不對，紛紛撤資了。

唯有巴爾札克執迷不悟，他對這個新事業剛剛產生興趣，要讓他放手是不可能的。在別人退卻的時候，巴爾札克卻選擇了大舉進攻。「既然是白手起家，索性辦得又大又輝煌才好。」於是，他把全部股份都承攬了過來。

親朋好友們也熱心資助他，唯有他的妹妹覺得不妥：

> 親愛的哥哥，你的這個經商計畫，使我十分不安。你這位作家侍奉的神靈未免太多了。既然已經獻身於文學事業，很多名人終生奮鬥，尚且感覺不夠，你哪能有那麼多的時間再去操持別的事業？
>
> 再說，經營商業，你本來就不熟悉，你為人和善，生性耿直，總以為別人也像你一樣忠誠坦白，從來不懂得防備他人的爾虞我詐。
>
> 親愛的哥哥，我寧肯看你整日與手稿和正經的著作打交道，也不願看你口袋裡裝上泥土；我寧願你住在寒冷的閣樓上，也不希望你財運亨通、買賣興隆。

但是，此時的巴爾札克已經完全陷進這樁考慮不周的發財夢裡了，任誰的忠告也很難聽得進去。事實果然不出妹妹的預料，巴爾札克確實不是經商的好材料。因為缺少經驗，因為準備不足，他的生意一落千丈。

嘗試經商失敗

　　他苦心經營了一年多，出版了莫里哀和拉·封丹的全集袖珍本，而且親自作序，還出錢請人畫了精美的插圖。初版印刷了1,000 冊，測算一下成本，每本必須售價 20 法郎，結果卻只賣了20 本不到。

　　餘下的全部堆在倉庫裡，書價只得一降再降，一直降到了每本 10 法郎，可仍然賣不出去，最後不得不把所有的存貨全部甩賣出去，結果是淨賠了 9,000 法郎，眼看到了破產的邊緣。

　　巴爾札克的生意賠了老本。任何一個人只要經過一次嚴重的挫折都會低頭思過，慎思謹行，而巴爾札克卻不是這樣，生就的倔脾氣使他做任何事情都不愛認輸。在出版圖書失敗面前，巴爾札克不但沒有從這倒楣的生意中清醒過來急流勇退，相反還不服輸，又盤下了印刷廠和鑄字廠。

　　為了維持業務，他什麼東西都印。然而，他藝術家的氣質永遠應付不了商業方面的經營，他又上當了。他的《拉·封丹全集》和《莫里哀全集》被迫以不到 9 法郎一本的低價賣出後，得到的卻並不是現金而是支票。

　　而且緊跟著，買書的書商破產了，支票兌不出現金，只換回那書販子存放在鄉下的一大堆賣不出去的書。他用千辛萬苦籌劃來的現錢，卻換回來一大堆的廢紙。勞碌奔波半天，一無所獲。

　　在這期間，他只得向他的那位女友柏爾尼夫人尋求資助。而這位善良的夫人又再一次替他解了圍。

　　巴爾札克有永不衰竭的進取精神，而且對科學技術的新發展、新動向十分敏感。他聽說一種新鑄字方法正在出現。

他相信，隨著出版業的進步，隨著讀者的增加，排字和鑄字的煩瑣勞動一定會被機器所代替。於是，當這個機會出現的時候，他便把它緊緊地抓住了。

1827 年 8 月 1 日，他又與人合夥建立一家印刷字模廠。巴爾札克的套房就在廠子的二樓，這裡有客廳、飯廳、起居室和帶有一張大床的臥室。牆上貼著藍色薄紗，使這間陋室帶有純情的色彩。

柏爾尼夫人每天都到巴爾札克房裡來，不怕工人的亂雜，機器的衝擊聲，油墨的、紙張的、糨糊的味道從工廠直衝樓上。她和巴爾札克一起看帳本、檢查發票，以使他能施展宏圖。

即便有這位美麗的天使監護，即便巴爾札克老是泡在帳本裡，但他不會算帳，也不會管理企業的事情，企業在生產方面毫無秩序。他習慣看得太高，走得又太遠，但沒發現自己沒有能力到那麼高、那麼遠。

從 1828 年初開始，巴爾札克就已經窮途末路了。他的合夥人再次退出；而他的主顧們對他的樣品又不感什麼興趣；他的工人們又向他索要工錢；一些紙商、書販又要他清償帳目；放債人又逼索貸款。巴爾札克簡直是四面楚歌了。

債權人的票據不斷送到他住處。因為此類票據太多，他把它們留在辦公桌上、椅子上，壓在鐘座下。夜晚，他在夢中也看到債臺高築。白天，他也難以忍受那些未領到薪資的工人的目光。

1828 年 2 月，巴爾札克終於從房子裡逃走了，因為破產的跡象太明顯了。最後，這件事情的解決辦法是：他以 67,000 法郎

嘗試經商失敗

的價格把它出讓給巴爾比耶先生,包括設備及印刷執照在內。這次轉讓可以清償那些要得最急的債主。

這麼一算,巴爾札克一共欠下了近 10 萬法郎的債務。老巴爾札克夫婦害怕兒子將被當成無償還能力的債務人關進監牢。老巴爾札克夫人只好請求擔任商業法庭代理推事的表哥夏爾‧塞迪妥善、友好地解決此事。

破產對於巴爾札克來說,幾乎是一段身敗名裂的苦難歷程。然而,生活的苦難絕對不是無緣無故地降臨在一個人身上的。正是因為有這一段創業失敗苦苦掙扎的歷史,他才能在《人間喜劇》中對資本主義社會中的金錢關係有那麼深刻的掌握,有那麼生動的描繪。

在那段時期,他不得不和各種出版商、債權人打交道,不得不面對逼債、清算、高利盤剝、敲詐勒索等一系列近乎掠奪的人們。他周旋在他們之間,像扁舟在大海的風暴中搖晃一樣,幾度要被大海吞沒,幾度又化險為夷。正是在這一過程中,使他抓住了社會的本質,見識了掌握金錢的生活中的「主人」們。

生活的法則就是這樣:這裡的所失,正是那裡的所得。巴爾札克多年的苦鬥、失敗,給他提供一筆無法用法郎來計算的精神收穫。生活的儲藏、社會的世相、人物的故事,他都在這些破產中認識到、體驗到了。

巴爾札克作為商人所丟失的東西,正是他作為文學家所需要的東西的來源。在這些失敗中,他所獲得的收益,也是他一生用之不盡的創作財富。他所看到的每一幕生活的鬧劇、悲劇和喜

劇，都像是莎士比亞的悲劇一樣動人，像拿破崙的每一場戰役一樣激烈。

　　他認識到了在這個時代中金錢的價值。他知道了證券交易中的種種鉤心鬥角。他知道了在商號裡所使用的權術和詭計。他知道了他的失敗不僅僅是失敗，他更加清楚地了解到了這是屬於他用金錢換來的對社會生活的清醒的認識。

　　由於他的奮鬥和失敗，再奮鬥、再失敗的經歷，使他比同時代的其他的偉大作家有更多關於社會學方面的學問。這為他後來《人間喜劇》的創作提供了更多的有力的幫助。

陋室裡筆耕不輟

冒失的投機事業全盤瓦解了，為此巴爾札克欠下了令人瞠目結舌的巨債，絕大多數人在這個時候的做法往往是酗酒、墮落甚至會自殺。但是巴爾札克卻像完全沒事發生過。

商業的失敗使巴爾札克有了重新面對自己的機會，他終於知道，自己是怎樣的一個人，自己究竟想做的是什麼！從前，巴爾札克一直在為有經濟基礎而奔波忙碌，卻忽略了自己最熱愛的文學，乃至在最寶貴的青春裡，在漫長的 10 年歲月中，自己一直在充當一臺賺錢機器。

現在，實踐證明，他不是塊經商的材料，不是生就的商界巨子，他的存在只為一件事情，就是爬格子。巴爾札克突然領悟到，先前他之所以寫不出成功之作，原因不在於沒有天分，而在於目標不明、用心不專。

如今，三十而立的作家終於明白，自己的心意其實從來就不在經商上面，現在投資失敗未嘗不是一件好事。這樣，他便獲得了足夠的自由和理由，再重新回到書桌前拿起自己的筆，開始向文學進軍了。

那些足以使一個弱者的脊梁壓彎的事，那些負債累累的噩夢，在繼承了父親生命活力的、永遠樂觀的、充滿藝術氣質的巴爾札克看來，只不過是皮膚上的小受抓搔而已。正如他自己所說：「在我一生每一個階段裡，我的勇氣克服了我的不幸。」

然而，巴爾札克畢竟此時債臺高築。就算他再怎麼樂觀，怎

麼堅強，仍然沒法打發那些前來討債的人們。而要進行偉大的文學創作，就必須擁有一個安寧清靜的環境。這對巴爾札克是個非常重大的難題。

為了逃避這種干擾，巴爾札克只能在東躲西藏中創作。還好，他總是能夠絕處逢生，每當遇到困難或者危機的關頭，總是有那麼一兩個支持他、鼓勵他、幫助他的天使出現，解救他於水火之中。

恢復創作的初期，巴爾札克就受到了一位名叫德·拉杜攝·亨利的朋友的關照。這個人是一個較為平凡的人物，他自己絕無天才可言，但他卻有一個發現天才的本領。這位先生善於取人之長而補己之短，他對巴黎的新聞界又非常熟悉，對巴爾札克這個正被生活所拋棄的青年也很關照。

對於巴爾札克這位尚未寫過一行真正文學作品的人，一個背負鉅額債務，看上去窮途末路的人，德·拉杜攝·亨利對他重新估價，他預言了巴爾札克可能出現的前程。於是，他給予巴爾札克寶貴的友誼和良好的待遇。

是這個和巴爾札克年齡相當的朋友，在危難之時，給予巴爾札克關心和鼓勵，鼓勵他在寫作上再做一次實驗。在這個朋友這裡，巴爾札克找到了一份信任、一份友情、一份鼓舞和一個暫時隱蔽的處所。

為了躲避債主們的追逼，巴爾札克在這位好心的朋友家裡住了很長一段時間，但這畢竟不是長久之計，按照他那沒日沒夜工作的習慣，他必須找一個安靜而隱蔽的寫作環境，即一個可以與外界隔開、僅屬於自己的斗室，以免對別人造成妨礙，哪怕比萊

陋室裡筆耕不輟

斯堤尼爾街 9 號那間閣樓還小。巴爾札克的要求很低，只要能夠不受債主干擾，可以讓他安心創作，並且也不會干擾別人就可以。

未來的路在巴爾札克面前已清晰地延伸前去，今後他要做的唯一的事，他要用整個生命和熱血去澆鑄的事業，就是全力以赴進行文學創作，任何艱難險阻，都不能阻止他去達到自己的目的，實現多年的夢想。

眼下他第一步要做的事就是找到一所能避風雨的房子，他既能在這裡避開債主和法警的追逼、騷擾，又能夠安心創作。

父母所在的那個家，他是不願意去住了，有時候母親的嘮叨使他覺得比債主、法警的追逼更難受。

後來，巴爾札克終於在卡西尼街上覓到一間小屋，它坐落在一條極不引人注意的、靠近市郊的街道上，在它周圍居住的都是一些平民百姓，人們絕對想不到會有一位作家住在這裡。

這一處房子像是專門為庇護作家而設計的，前後門都有通路，只要發現債主從前門來，他就可以從後門溜走，債主從後門來，他又可以從前門逃走。這一切正符合巴爾札克的實際情況。

不僅如此，卡西尼街還地處城鄉交界處，這裡遠離塵囂，交通卻很方便，並且這裡仍是巴黎。這地區總算也有個廣場，一個街道，一條林陰路，幾座城堡，幾個花園，還有一條公路；它位於外省，但卻又屬於首都。這裡進可親近巴黎，退可埋頭筆耕，對於渴望寫作而又不願意離開巴黎的巴爾札克來說，真是一塊理想的「風水寶地」。卡西尼街是條近郊街道，當地的居民沒什麼高貴血統，多是一些普通市民。巴爾札克寫道：

這裡已不是巴黎，可仍算是巴黎。這個地區也有廣場、小街、林
陰路、堡壘、花園、大路、公路，它已屬外地，但也還在首都，
所有的東西全有一點，可又一點也沒有。它就是一塊沙漠。

這個住所包括起居室、臥室、書房，還有一間小浴室，一年
租金不到 400 法郎，適合巴爾札克當時的消費能力。巴爾札克想
到當年母親為他看中的萊斯堤尼爾街 9 號那間小閣樓，一年才 60
法郎，他在那裡學習、工作、生活，竟如同長著翅膀的小天使一
樣快樂。對現在這個住所，他更沒有什麼可挑剔的，何況柏爾尼
夫人十分滿意。

在 1828 年 3 月的一天，一位叫做蘇維爾的先生搬進了卡西
尼街的這所小房子裡。這個人不是別人，正是歐諾黑‧德‧巴爾
札克，他打著這個名字把這間屋子承租下來。這次搬家進行得十
分低調，好像生怕打擾了鄰居們。

平日裡，巴爾札克深居簡出，人們甚至懷疑這個房子裡是否
住著人，但是，每到夜半三更，人們卻可以透過自家的窗戶看見
這位鄰居房間裡徹夜不息的燈光。但是大家似乎並不了解這個鄰
居每天夜晚都在做些什麼。

搬進新家後，即便巴爾札克身上還背著鉅額的債務，但他仍
舊迫不及待地為裝飾自己的溫馨的小屋添置了許多物件，甚至還
有許多昂貴得近乎奢侈的東西。

他經常在工作之餘流連於巴黎的一些店鋪和市場，目的就是
為了能夠淘到自己喜歡又物美價廉的寶貝。連老巴爾札克夫人都
感到奇怪，幾近身無分文的兒子究竟是用的什麼招數把這些東西

陋室裡筆耕不輟

搬進自己的臥室呢？

巴爾札克首先操心的是找些家具和擺設來布置房子的內部：他從藍狐商店買來了價值 140 法郎的 3 塊地毯；價值 140 法郎的黃色大理石底座的座鐘；還有一個桃花心木書架，整齊排列著包著深紅色摩洛哥羊皮封面的書；還有一些安特拉格的巴爾札克家族的武器。

總之，他即使勒緊褲腰帶也要使住處安排得大大方方，讓家看起來要好一些。講究居住環境的奢華舒適，後來成了巴爾札克越來越濃重的喜好，人們猜測著，也許這樣做會讓作家心裡感到好受些。因為，置身於舒適奢華的環境裡，就像一個飢餓的人進入了擺滿法式大餐的夢裡，這樣他們會暫時忘記自己實際的困境，這樣才可以讓作家更安心地投入創作。

然而，有意思的是，無論巴爾札克對卡西尼街這間房屋的布置有著怎樣的追求，而他的工作室卻永遠都是一種風格的。

那裡只有一張小書桌，這是無論走到哪裡他都要帶著的，好像離開了這張書桌他就寫不出東西來似的。書桌對於巴爾札克的意義幾乎就是阿拉丁神燈，只要坐在桌子前，他就能夠文如泉湧，下筆有如神助；書桌又好像一條高科技的流水線，它能把巴爾札克筆下的人物一個個飛速地生產出來，讓他們活靈活現地蘊藏在書稿裡，再交給出版公司，變成人們最喜歡的東西，銷售到圖書市場去。

此外，就是放在桌子上的一個燭臺。這就是一個看起來很普通的燭臺，它和鄰居家的燭臺幾乎沒什麼兩樣。可是這個燭臺也

是巴爾札克不可缺少的工作工具，是陪伴他終生的一個忠實伴侶。它陪著他度過了無數個不眠之夜，幫助他創作出無數不朽的文學巨著。

此外，還有一架碗櫥，那可不是用來放碗的，而是他的紙庫，他的紙張和稿件都存放在這裡。其他的，就是各種極盡裝飾之用的工藝品和奢侈品。

走進巴爾札克居處的人們都有一樣的感覺，這裡就像一個富麗堂皇的僧院，而巴爾札克無疑就是那個執著於夢想的苦行僧。連巴爾札克都沒有想到，在卡西尼街，他能夠一住就是 9 年。作家筆下的成百上千的人物就是在這裡粉墨登場的。

不僅在居室的布置上，巴爾札克在穿著打扮上也開始奢侈起來，這和他從前簡直判若兩人。他在巴黎的黎塞留街 108 號比松裁縫店訂製了價值 45 法郎的黑褲子，白色背心合 15 法郎，盧維埃藍細呢禮服合 120 法郎，黑白人字呢褲子合 28 法郎。

他那出人頭地和一鳴驚人的想法使得他已對採購事務不屑一顧。讓別人，其中包括忠誠的塞迪約，用期票、各種匯票、拒絕證書等去應付他自己，他想盡快享受塵世快樂，哪怕冒早死的危險。

即便在居住方面豪奢了些，巴爾札克還是經常遭遇生活的窘迫。居住環境的奢侈，衣著服飾的華美，都抵擋不了鉅額債務的壓迫。這是沒有辦法改變的事情，他就像現在信用卡刷爆了的卡奴一樣，每天為一口飯食斤斤計較著。這個年輕人每天睜開眼睛即使不喝一口水也等於是在花錢，因為那些鉅額的利息在翻滾和加倍。

陋室裡筆耕不輟

　　所以，巴爾札克只能每天花 16 個小時瘋狂地寫作。但是，這一次，他寫的東西與從前的商業小說不再相同了，這一次他要為成為法蘭西的偉大作家而戰。

首部署名的作品

　　1828 年 4 月以後，巴爾札克在債務纏身的情況下又重新拿起了筆。其實，在他經商的幾年裡也未中斷過寫作，只是主要精力不放在上面。而今，寫作成了他的主要工作。

　　巴爾札克期望，一方面透過寫作賺錢來還清債務、維持生活；另一方面，透過寫作來實現藝術家的崇高使命。

　　1828 年，巴爾札克從爭錢奪利的商場上被摔打得頭破血流、遍體鱗傷的時候，他陷入了極度的悲哀和無所適從之中。

　　債主兇狠地逼債，法警半夜三更來敲門，母親喋喋不休地抱怨，他一刻也不得安寧，他再次感到茫然，不知道該怎麼辦，未來的路如何走！

　　這種迷茫、困惑以前他也有過。10 年前處女作夭折，父母供給的資助到期，而他一無所有的時候，他為自己未來的命運擔憂，但那時沒有外界對他施加的過大壓力，心境要比這時坦然得多。而現在他只感到心靈的負荷太沉太重，他感到自己幾乎要爆炸了。

　　他閉門不出、獨自思索，經過了好幾天的心理調適，巴爾札克內心裡潛藏著的那股生命活力，那動搖不了的最根本的樂觀精神和勇氣恢復了，他自信地看到商戰中他的慘敗，主要是天才沒有用在該用的地方，不是他缺乏能力的表現。他要寫作，他要履行 10 年前的誓言，他要用他的筆描繪這個時代的社會與文化，他要成為無人匹敵的大作家。

首部署名的作品

　　10 年磨一劍，他已經累積了 10 年，苦苦地等待了 10 年，他要把 10 年來觀察、分析、體驗、思考、想像到的一切全部寫出來，奉獻給法國，奉獻給歐洲，奉獻給整個人類。

　　在巴爾札克看來，藝術家的崇高使命就是要「使事物改觀」，「使人類力量獲得新的發展」，他下決心要在文學上轟轟烈烈地做一番大事業了。

　　巴爾札克這時還沒有出名，還沒有到上流社會的沙龍裡去光顧的機會，還沒有受到奢華生活的過分引誘，所以，他尚能過淡泊、寧靜的簡樸生活。他除了把臥室、起居室、小浴室做了力所能及的布置以外，對他的書房，他把它弄得像一間囚室。在這間囚室裡，唯一的裝飾品就是壁爐架上醒目地立著的那尊拿破崙石膏像。

　　在當時的歐洲，不少人都對拿破崙十分崇拜，一些偉大的人物都讚頌他，普通的法國人把他看成永恆的皇帝，永遠進取的征服者，法蘭西民族的一根精神支柱。

　　縱然拿破崙自己也認為他是時勢造出來的英雄，他的兒子不能代替他，就是他自己恐怕也代替不了。但在當時歐洲的文學界，特別是那些詩人，如普希金、拜倫及稍後一點的年輕的萊蒙托夫等人都為他寫過流芳百世、激動人心的詩篇，把他自覺地描寫成一位高居於世界小小老百姓之上的威力無比、命運非凡的大人物。

　　當然詛咒、抨擊拿破崙的也大有人在。不論別人怎麼評價拿破崙，也不管歷史會對他作怎樣的結論，反正巴爾札克最崇拜的

人物就是拿破崙，他心中的那個年輕的將軍、皇帝和征服者。

巴爾札克崇拜拿破崙，甚至對自己的母親早年曾得到過拿破崙的垂青，兩人有過一段羅曼史也津津樂道，引以為榮，還引起過他的狂熱的幻想。

他曾經拿自己和父親反覆比較、對照，覺得和父親有不少相似的氣質，永不枯竭的活力、頑強的意志、好投機冒險等，都可謂一脈相承。

有時，他又懷疑自己血脈裡流的不是父親弗蘭蘇·巴爾札克的血，而可能是科西嘉人拿破崙的血，否則，他們兩人怎麼會有那麼多相同的內在的東西：驚人的記憶力，豐富的想像力，意志堅強，不屈不撓，孤傲，自高自大，藐視別人，總之都具有征服者的氣質。在他們看來，地球就為他一人而運轉，世界也為他一人而存在。

巴爾札克久久地看著拿破崙的那尊石膏像，腦海中不斷翻騰著這位征服者建立的一樁樁豐功偉績：揮戈躍馬，打了 40 次大勝仗，征服了歐洲，征服了封建勢力；頒布拿破崙法典，成為其他資本主義國家制定民法的楷模；收拾國內混亂的殘局，建立法蘭西帝國，體現出無與倫比的政治才能；與教皇簽訂《政教協約》，使一股反動勢力竟變成為自己統治服務的馴服工具。

還有拿破崙最崇拜的那些意志堅強的征服者，如征服世界的亞歷山大，羅馬帝國的創建者與重建者凱薩、奧古斯都、查理大帝等也一一地在他腦海中映現出來。特別是拿破崙成名之前的默默奮鬥、苦苦等待，使他與這位叱吒風雲的人物距離拉近了，他

首部署名的作品

不由得由過去仰著身子去看拿破崙的姿勢，改為平視了。

　　巴爾札克被拿破崙的雕像及他的歷史偉績和身世所吸引，很久都不能回過神來。他想，拿破崙就是激勵我前進的一股動力，那凝眸逼視的樣子難道不是對我的挑戰？英雄只有找英雄挑戰，是絕不可能找懦夫去挑戰的。何況他自幼就立志當偉人、做英雄人物，他曾經拍著前額像大革命時期的法國詩人安德烈‧舍尼埃那樣對自己說：「這裡面有點東西！」

　　這點東西他要把它拿出來，展示給世人，像拿破崙把自己的才華、智慧拿出來，叫人們佩服得五體投地一樣。有朝一日，巴爾札克也要在法國建一座炫耀光榮和輝煌的凱旋門！

　　巴爾札克常常在心中為自己編織美好的夢想，後來他借《驢皮記》中拉法埃爾‧瓦倉丹的口說：

> 我絕不願要一個在他的夢中沒有給自己編桂冠，沒有為自己的雕像建臺座或者占有幾個殷勤的情婦的年輕人做朋友。我嘛！我常常想自己是將軍，是皇帝，也曾是拜倫，而最後，什麼也不是。在人類事業的頂峰上神遊過之後，我發現還有無數高山需要攀登，無數艱難險阻需要克服。
>
> 這種巨大的自尊心在激勵著我，又絕對相信命運，我想一個人要是在和紛紜的世事接觸之後，不讓自己的靈魂給撕成碎片，就像綿羊透過荊棘叢時被刷下羊毛那樣輕而易舉，那麼他也許會成為天才，正是這一切挽救了我。

> 為進一步鼓舞自己的鬥志，實現心中的夢想，巴爾札克面對拿破崙的雕像寫下了一行氣勢磅礴的應戰宣言：
> 我將要用筆完成拿破崙用劍所未能完成的事業！

這是多麼宏大的誓願！被認作法蘭西英雄的拿破崙尚未完成的業績，他將把它完成！這是由內心發出的一股暗勁。有了這個勁頭，才會有《人間喜劇》。也可以說，有了這個動機，就有了《人間喜劇》。

　　巴爾札克要成為真正的巴爾札克了。一個真正的巴爾札克將要橫空出世。

　　當拿破崙用他的劍鋒殺出一個帝國之前，他也是屈居在巴黎的一間小閣樓裡的。然而他用他的武力並沒能征服歐洲。而巴爾札克，用他的鵝毛筆，用他的稿紙，卻要征服整個世界了。事實證明，他正是拿著他的武器，完成了拿破崙所沒有完成的業績。

　　巴爾札克把這行字字千斤的宣言，工工整整地抄在紙條上，黏貼在拿破崙雕像的劍鞘上，不斷地勉勵自己全力以赴，直到有那麼一天，也跟拿破崙一樣出人頭地、飛黃騰達，到達事業的巔峰。

　　巴爾札克為自己的雄心壯志而深感自豪、驕傲，猶如得勝回朝的拿破崙，這時候，世界上的一切全沒放在他眼裡。他在空蕩蕩的書房中興奮地走了好幾步，直到自我平靜了一下，才坐到桌子旁邊來。

　　如果說以前的《克倫威爾》的創作是練筆的話，如果說和人家合夥寫小說也是練筆的話，如果說近幾年來的經商活動是學手藝的話，那麼，30 歲時，巴爾札克的學徒期限滿了。

　　他對社會有了深刻的了解，他對生活中的各色人物有了相當的認識，他對於如何去描繪這些人物和生活，也有了成熟的筆力。

首部署名的作品

現在，他可以成為自己的主人了。除了經商他才能不夠以外，作為一個作家，他的才能可以說是縱橫馳騁了。

巴爾札克意識到他已經是自己的主人了，他認識到了自己的價值，他不能再像 20 來歲時那樣不珍惜自己的名聲了。

為了真正成為自己的主人，為了真正成為一名征服世界的作家，他的首要工作就是對自己負責任，對自己的工作負責任。

這種責任感，首先就是要亮出自己的姓名。借用假名，只能為自己的粗製濫造找到保護傘，靠了它，只能寫出三四流的流行小說。

他決定和這種做法一刀兩斷，亮出歐諾黑‧德‧巴爾札克的旗號。讓這個名字督促他寫出好的作品，也讓那寫出的好作品為這個名字增光。

如果說，10 年前的巴爾札克想從事文學，僅是為了從固定的像磨盤一樣循環、枯燥運轉的職業的厭倦中解脫出來，以另一種方式去獲得榮譽、金錢、愛情的話，那麼這時候的巴爾札克發誓獻身文學，卻是經過了生活的長期錘鍊，他的人格、才智、思維已完全成熟，要去充當征服者，做拿破崙第二了！

1828 年，在巴爾札克的一生中，是具有歷史意義的年份。

正是這一年，他決定以自己的真實姓名躋身於已有眾多的一流作家的法蘭西作家群中。並且，他要和那些世界第一流的作家見見高低。

巴爾札克決定，不僅要與他們媲美，而且，要超過他們。他在一本新書的序言中曾經充滿自信地寫道：

作者不願把自己限制在一種敘事體的風格之下，因為在那種風格里，事實是使人昏昏欲睡地排列著，而動作則一步步地展開。而在今天必須用人人都能了解的方式描述。這種方法，已被若干天才的作家追尋了多少年，現在作者也希望加入他們的行列。

作者在本書中，試著把一個時代的精神重現出來，並將歷史上一椿偶然事件賦予生命。他寧用活的口語而不用官書式的記錄，寧寫戰爭本身而不寫戰爭的報告。而且，他採用了戲劇式的動態以代替史詩體的敘述。

早在兩年前，巴爾札克就有個創作構思。而其實，巴爾札克的目標早已確定：還是仿效大名鼎鼎的司各特和最近剛嶄露頭角的美國小說家庫柏寫歷史題材的作品。

不過，與 10 年前不同的是，他不再寫時下人們已經不感興趣的什麼悲劇，也不是自己不熟悉的異國他鄉的什麼《克倫威爾》，而是一本小說，一部將為本國人所喜聞樂見的本國故事。其內容是寫法國大革命時期於洛等共和黨人前往旺岱地區鎮壓舒昂黨人叛亂時發生的一則愛情悲劇。

所以要選定這一故事，巴爾札克有如下三點考慮：

· 首先，這是一個國人關心的熱門話題。眼下，波旁王朝復辟已屆 15 個年頭。由於王公貴族的倒行逆施，這政權早已是天怒人怨、搖搖欲墜了。

山雨欲來風滿樓，一場新的革命已在緊鑼密鼓的準備之中。鑑古可以知今，人們回首、關心大革命時期的往事已是情理之中的事。

首部署名的作品

· 其次，尊敬的柏爾尼夫人由於她家庭的特殊背景，對這段時期史實、故事乃至逸聞趣事知之甚詳，向他提供了許多彌足珍貴的材料。

· 最後，這是至關重要的，他本人已為此做了兩年多的準備並且已寫下了一個題名為《英雄好漢》的小說初稿。

　　如今，巴爾札克可以全身心投入寫作了。他認識到，再也不能像以往那樣憑空想像、閉眼塗鴉，必須對旺岱戰爭的環境與歷史有從感性到理性的把握。

　　然而，真要將這篇小說寫好，困難不少。他畢竟不太了解這段歷史，畢竟不太了解旺岱地區和那裡的布列塔尼人。為什麼旺岱地區會成為法國貴族謀圖復辟的老巢？為什麼布列塔尼人會心甘情願充當貴族的炮灰？當時平叛的具體經過是怎樣的？他需要真實的、生動的細節，而這些在書本上是找不到的。

　　過去，巴爾札克寫中世紀故事可以馳騁想像，胡編亂造，而這次則使不得。旺岱戰爭離現在不過 30 年，許多目擊者和參加者尚健在，不允許你隨意塗鴉。否則，就難取信於人，自取滅亡。

　　並且，巴爾札克深感敘述的文體至關重要。是用教科書的按部就班、平淡無味的敘述模式或浪漫主義的誇張筆調，還是另闢蹊徑呢？成敗在此一舉，不可掉以輕心。

　　好在拿破崙時代剛剛過去，好多當年參加過「革命軍」與舒昂黨人打過仗的人，現在仍然活著。

　　巴爾札克從圖書館裡借來當時人們的回憶錄，研究軍事報告，對任何微小的顯得無足輕重的瑣事也不輕易放過。研究並閱

讀了兩三個月，能找的資料都找了，巴爾札克仍不急於動筆，他決定前去舒昂黨人活動的場所捕捉第一手資料。

他覺得這還不夠，於是決定動身去旺岱地區做實地考察。他好不容易總算打聽到有一位當年與舒昂黨人打過仗的共和黨老軍人叫德·彭梅瑞爾的男爵還健在，並且現在正隱居在當年旺岱叛亂的發生地富熱爾。

巴爾札克趕忙給男爵寫信，告知自己的創作計畫，要求前往採訪，急切而坦誠地請求德·彭梅瑞爾先生原諒他由於自己經濟拮据而只好冒昧地在男爵家裡食宿雲雲。

老人愉快地答應了他的要求，發了邀請書給他。接到信，巴爾札克立即帶著有點寒酸的行李，穿一套簡直可以稱得上襤褸的衣褲，擠上了一輛公共馬車，坐上了一個最便宜的座位。即使這樣，他也坐不了全程，只得中途下車，用他的短腿走完這旅途的最後路程。

當他風塵僕僕、滿身汗汗地出現在那位老戰士的門口時，竟被認作是一個流浪漢了。

德·彭梅瑞爾夫人還將當時巴爾札克登門時的情形記錄了下來，她寫道：

他是一個矮個子青年，體態粗壯得很，由於衣服不合身，顯得更是如此。他的帽子十分可憐巴巴，一旦他摘了帽子，你看到他那富於表情的臉孔時，一切都被忘得一乾二淨。

此後我看到的只是他的臉孔了。沒有見過他的人怎麼也想像不出他的腦門是個什麼樣子！開闊的前額，看上去亮堂堂的，金棕色的眼睛，未言先笑。

首部署名的作品

他鼻子方厚，嘴巴很大，老是咧著大笑，毫不注意他那參差不齊的牙齒。他蓄著濃濃的小鬍子，留著長可垂肩的頭髮。

在那時候，特別是他初到之際，總的來看，他有點瘦，好像沒有吃飽似的。通觀他的態度、姿勢、舉止和說話的方式，他非常善良、天真和坦率，你一看到他，就不能不對他產生好感。

但是，他最顯著的特點就是脾氣總是很好，好得使別人都受到了感染。

巴爾札克原打算在男爵家至多住兩個星期，誰知卻待了兩個月。兩人一見如故，越談越投機。他虛心求教，詳細詢問，耳聽手寫，忙得不可開交。

他收集和捕捉到的許多動人情節和具體細節令他興奮不已。為了如實寫出當年德‧韋納伊小姐深入敵巢臥底的冒險之行，他還特地按她當年的行路圖走了一遍。

正因為巴爾札克掌握許多真實生動的素材，使得這部小說成了他文學生涯的一個真正起點。至於敘述文體，巴爾札克則是別開生面。正如他在《舒昂黨人》導言中所寫的：

幾個有關人士出場，規定作者必須嚴格準確地描繪出他們的外貌，而且只允許他有畫家的那份激情；那就是很好地展示肖像，不光顯得自然，極力使人相信人物是活的。但是，對「準確」這個詞需要解釋一下。

作者並不認為這意味著承擔了乾巴巴地羅列事實的義務，以便表明直到何種程度上，人們可以使歷史達到成為一具每一塊骨頭都細心地編上了號碼的骨架。

時至今日，歷史在其書頁中展現的重大教益理應變得家喻戶曉。按照幾年來一些天才人物遵循的這一體系。本書作者試圖將一個時代和一個事件的精神實質寫進這本書中去，寧願寫爭論，不要寫紀要，寧願寫打仗，不要寫戰事公報，寧願寫戲劇，不要乾巴巴敘述。

這番話是巴爾札克對自己創作方法的最早表達。在巴爾札克看來，「準確」不意味著死摳歷史，為要寫出「一個時代和一個事件的精神實質」，不妨可以寫得生動些、豐富些，不必膠柱鼓瑟、刻舟求劍。

與日後成熟時期的創作理論相比，這番話說得比較含糊，不那麼確切，不那麼精練，但有一點是確定無疑的：他已開始走上了一條新的創作之路，即現實主義之路。

在寫作期間，巴爾札克忘掉了一切。他忘我地全神貫注地工作，幾個星期之後，他寫出了小說的最初幾章，寄給巴黎的出版商拉杜什。

拉杜什對於發現天才有著伯樂的眼光，他立即預言巴爾札克有成為偉大作家的希望。他的信心，雖然最初可能是誠篤而懇摯的，卻不幸地寫出一種唯物的形式。

他決定在這本他認為將來一定受歡迎的書上「下重本」，並且知道巴爾札克無力拒絕，便給他 1,000 法郎作為這本尚未寫完的小說的稿費。

在貧困的情況下，巴爾札克自然沒有選擇的餘地。雖然他從前不費氣力地胡亂寫幾本書，口袋裡就能裝 1,500 ～ 2,000 法

郎，而在他目前的情形下，卻不能拒絕一筆 1,000 法郎現款的出價。

　　然而，讓出版商拉杜什惱火的是，巴爾札克從前寫流行小說，都是急就章，一部長篇，往往用不了個把月。可這次寫《舒昂黨人》卻用了近一年的時間，如加上醞釀和寫作初稿用去的時間，前後整整 3 年。

　　這一回，他發現非得常常去提醒巴爾札克不可，他有點不高興了。而巴爾札克總不肯把稿子交出來，除非他自己認為滿意才行。

　　然後，跟著來了更多的耽擱的緣故。當稿子最後從這位推三阻四的作者那裡終於要來，而且排好了版的時候，那版樣卻帶著無數處修改更動的地方被巴爾札克送了回去，以致還得重新付排。

　　拉杜什火了起來，說他由於這些無盡無休的刪改，以致時間、金錢蒙受損失。然而巴爾札克還是從容不迫。一種藝術家的責任感已確立起來。

　　出版商怪巴爾札克何以變得如此拖拉，如此磨蹭，可巴爾札克怎能不「拖拉」，不「磨蹭」呢？這可是他投身創作 10 年來第一次署上巴爾札克大名的！

　　他第一次感到對巴爾札克這個名字應負何等的責任，他決定要使這個名字不朽。他一生負債累累，經濟事業不順，這一切都沒引起他多大的關心，而對於這次書稿的質量，對於書稿的一改再改，他卻從未馬虎過。

由於巴爾札克的反覆修改，他付給他的排字工人以更高的酬金。這些酬金，常常就是他自掏腰包貼補的。他的稿酬收入，往往也因此而減少。但他都不願因此而放棄他的修改。這一慣例，大概就是由這時候開始的。

　　「10 年磨一劍」，巴爾札克用了 10 年的時間實現了它，當初以為只要兩年即可走完的路。決定性的一步終於邁出了，姍姍來遲的《舒昂黨人》宣告了巴爾札克創作生涯的真正開始。

　　終於，在 1829 年 3 月中旬，巴爾札克的第一本以嚴肅態度創作的小說《舒昂黨人》出版了。

　　在書的正中，巴爾札克工整地署上了自己的真實姓名：「歐諾黑・德・巴爾札克」。《人間喜劇》的序幕由此拉開。

　　在《舒昂黨人》這部小說裡，體現了巴爾札克的共和主義理想，強烈地顯示出了他的現實主義傾向。而全書的藝術水準也達到了一個相當高的程度，對於故事場面的展開，技巧顯得十分成熟，軍事細節寫得活靈活現，尤其是全書的布局和連貫性更體現出了他的大家手筆。

　　巴爾札克做到了該書序言中所說的，「再現一個時代精神」和「將一樁歷史事件呈現於眼前」，而且做得極為成功。

　　但是，當時巴黎的文藝界和評論界，被一些庸俗文人所壟斷，因此大家對這部作品反應十分冷淡，評論界個別的聲音傳出來，也僅僅是刺耳的指責，說巴爾札克的這一作品是「風格上的越軌」。

　　而且，當時法國讀者的欣賞口味也還未能迅速跟上來，他們沒有辦法立刻接受一個陌生的「歐諾黑・德・巴爾札克」，他們

首部署名的作品

覺得這部小說巴爾札克沒有以前寫得好。在一片批評之聲下，致使這本書在頭一年僅賣掉 444 本，遠不如《汝納勛爵》或《聖·沃般》的大作好銷。

為此，巴爾札克一度感到十分沮喪、氣餒。如果是過去小說工廠的作品只賣掉 444 部，他不會太嘆息，可《舒昂黨人》是他的嘔心瀝血之作啊，這部小說絕非剪貼拼湊而成的。這部小說是他精心設計、巧妙安排的傑作。他不知為此付出了多少努力和汗水，為了這本書，他失去了豐腴、紅潤的臉龐；為了這本書，他放棄了與柏爾尼夫人相聚的時光；為了這本書，他得罪了待他不薄的朋友；為了這本書，他損失了那極其難得的法郎。

這部書簡直就是他至愛親人，這部書就像是他身體會聚的精華所在，可是它卻沒有人欣賞，沒有人喝彩！這是讓巴爾札克非常惱火的事情。

在巴爾札克深感懊喪的時候，柏爾尼夫人及時給予他鼓勵，她說：「進行下去，親愛的，人們從四面八方看著你，但並不高叫著讚美你。」

巴爾札克從這激勵中恢復了信心，增添了勇氣。他自己後來也深刻地認識到，如果沒有天才的意志，沒有那種超人的耐性，在命運的擺弄使你與目的隔著一段距離的時候，你不能繼續向無限的前程奔波，那就不如趁此放棄。對於社會，永遠都是那樣，它先要看到你輝煌的成績，才肯承認你的本領。因此，巴爾札克調整了心態，輕裝上陣，一鼓作氣地朝著既定的目標奮進。

取得了初步成功

在巴爾札克還在寫《舒昂黨人》的時候，出版商勒瓦瑟爾發現了他住的地方，便去拜訪他，毫不客氣地提醒他，說在一年以前為一本巴爾札克要從事寫作的書而付給過巴爾札克 200 法郎。

巴爾札克已忘掉這件買賣，勒瓦瑟爾卻堅持一定得履行他的合約。巴爾札克不願打斷正經工作去寫一本流行小冊子，便向他的債權人提出一個變通辦法。

在他的舊稿中，他有一本婚姻法典《婚姻生理學》，這本書在他自己的印字館裡是排印過的。如果勒瓦瑟爾同意，他準備修訂一下這本舊書來償他的債。

勒瓦瑟爾大概也知道從這位不值一錢的作者身上，決沒有機會把 200 法郎再要回來，他便答應了這個提議。

巴爾札克就開始工作了。但在他寫完時，原作已所餘無幾。近年來，他讀了許多拉伯萊的作品，於是他便用一種充滿熱情趣味的風格，代替了他從前模擬斯特爾納‧勞倫斯所具有的冷漠。

正像在《舒昂黨人》中開了頭的那種創作態度一樣，這本抵債小說的手稿交給出版商時，也已是面目全非了。原作中的內容已所剩無幾，他幾乎是重新創作了這部小說。這部作品，巴爾札克用了一種嶄新的創作風格，而且採用了很多充滿興味的故事，使這本抵債之作成了一本光芒四射、諧趣橫生、圓潤流暢的作品。

取得了初步成功

　　它的大膽的奇論，有侮弄性的媚勁兒和幽默的懷疑，引起了社會強烈的反響，對它展開了討論。其中，肯定否定的意見都有。這本書尤其得到了一些婦女的喜愛，惹得她們又氣又樂。她們紛紛寄來信件，恭維它或批評它。

　　這本書在幾個星期內，成了一切沙龍中唯一的話題。巴黎人的好奇心終於被巴爾札克打動了。他成了人們一時談論的對象，成了名人。他從此就進入了巴黎文學作品的主要「票據交換所」的瑞卡米耶夫人的沙龍。

　　而他在另一個文學沙龍蘇菲亞夫人的沙龍時，結識了已經成名的作家雨果和拉馬丁。巴爾札克踏上了成名的第一個臺階。在這個臺階上，就已展露出了他的多才多藝。巴爾札克後來還把著名的小說《幻滅》獻給了雨果，獻詞是這樣寫的：

先生，您兼具拉斐爾和皮特之天賦，在常人還微不足道的年紀，已成為鼎鼎大名的詩人；您像夏多布里昂和一切有真才實學的人一樣，跟藏在報紙專欄背後或報館地下室裡的忌才之徒著實經過一番較量。

時人認為本書既是真實的故事，也為膽識的憑證，現謹奉獻於您，但願閣下的赫赫盛譽有助於這部作品蜚聲文壇。新聞記者，不也跟侯爵、闊佬、醫生和法官一樣，成為莫里哀筆下及其劇院舞台上的人物嗎？

巴黎的報界是從來不肯放過任何故事的，為什麼這部以嘲笑來匡正世風的《人間喜劇》倒要放過這股勢力呢？先生，我謹致此言，不勝欣慰之至。

雨果也在後來巴爾札克的沉浮中，始終如一地支持他，關愛他，甚至在與布洛斯的官司中，在輿論差不多一邊倒的情勢下，雨果不懼壓力，盡可能地維護巴爾札克的聲譽。

巴爾札克與雨果的友誼，不僅是文壇的一段佳話，也是他之所以能戰勝一些同行們的嫉妒、譭謗、出賣、偏枉不公、奸詐、殘酷等邪惡的考驗，不顧一切，奮勇達到事業巔峰的一股精神力量。

在 1830 —— 1831 年兩年的時間裡，他竟寫出了 140 多種作品。其中包括長篇小說、短篇小說、評論、小品、政治紀事、報告文學等。如果把這兩年所寫的作品加起來，用兩年的時間去除的話，那麼他每天平均出版了 16 頁書。

這是說出版，當然沒有包括他修改而未出版的東西在內。如果要加上這些東西的話，那他每天的工作量就沒法計算了。這一時期，幾乎每一家報紙和刊物上都有巴爾札克的名字。他的作品是各式各樣的，有文藝的、政治的、哲學的、生活的等。

他寫作的面是那樣寬廣，又是那樣深刻，不得不令人折服。瀏覽他這時期的作品，如同進入了一個五光十色的新奇世界。他寫有《打扮哲學》、《烹調生理學》、《拿破崙評論》、《從手套研究道德》、《聖西門的門徒與聖西門主義者》、《食品店老闆的意見》、《捧角家》、《銀行家》、《引起騷亂的方法》、《一瓶香檳酒的道德》、《雪茄煙生理學》等。

然而，在這五光十色的紛雜世界中，還能找到一夜之間寫成的完美的傑作，如《沙漠裡的愛情》、《恐怖時期的一段插

取得了初步成功

曲》、《劊子手侯爵》、《撒拉遜女人》，從這些作品中，使我們看到了一位長於撰寫短篇小說的大師。

巴爾札克非常勤奮。他一天伏案工作至少 12 個小時，經常達 18 個小時。他告訴母親：

> 我晚上 6 時起床，修改《舒昂黨人》。然後從 20 時至早上 4 時，
> 利用 8 小時來寫《戰役》。白天我修改晚上寫下的東西。這就是
> 我的生活。

從半夜至中午，就是說要在椅子裡坐上 12 個小時，全力以赴地書寫、創作。然後，從中午到 16 時修改校樣；半夜又起來工作。

他自己也稱這種創作方式為「可怕的勞作」。有時幾個星期甚至一兩個月都沉湎於這「可怕的勞作」之中，忘記了現實世界的存在，而潛心於他所虛構的「小說世界」。

在《貝姨》中他寫道：

> 持續不斷地工作是人生的鐵律，也是藝術的鐵律。
> 人的能量總是有限的，即便是精力充沛過人的巴爾札克也總是有
> 極限的。為了使自己大腦始終處於緊張興奮的創作狀態，他大量
> 地飲用咖啡。

超負荷的刻苦勞作換來了神奇的效率。他曾經寫道：

> 《盧日裡的祕密》是我一夜之間寫成的，《老姑娘》花了 3 個晚
> 上的工夫，《該死的孩子》的最後部分「碎了的珍珠」寫了一個
> 晚上，《無神論者做彌撒》和《法西諾‧加奈》也是這樣寫出來
> 的，我在薩什，用了 3 天時間，寫成《幻滅》開頭的 100 頁。

在巴黎新聞界，如此多才多藝與如此機智，並不算怎麼了不得。可驚人的是：在這種五光十色迎合潮流的陳列之中，竟可能找到了能夠流傳百年之久的、完美的傑作，雖然這些傑作和他那些過眼即逝的作品一樣，只拘於一個小小的範圍，並且用同樣的速度，也只在一夜之間就寫成了。

他是一位有寫短篇小說技巧的大師。他越順著他所選擇的道路前進，越發現他能做些什麼。用他描寫巴黎日常生活的寫實手法，如《婦女的研究》、《三十歲的女人》之類的小說，創造了一個全新的典型，那種「被誤解的妻子」的典型：因結婚而幻滅，由於丈夫的冷淡與不專心而喪魂失志，就好像害了什麼神祕的疾病似的。

這些小說，在我們現在的眼光看來，有點過於呈病態美，因為它們的感傷氣氛未免太重，同時，由於缺乏現實性及客觀真實性，以致把它們損壞了。

可是在當時，卻得到了許多熱心讀者的贊同。在法國以及其他地方，無數女人感到她們是被誤解的，都認為自己在巴爾札克身上發現了一位能診斷她們憂愁的醫生。

她們認為他是她們的辯護人，為她們在國家法律與資產階級道德方面所犯的過錯加以抗辯。在義大利、波蘭、俄羅斯，都被人以同等的熱心閱讀著。

他用他首創出來的口號「30歲的女人」，來宣布那種過了早期青春的女人戀愛的權利。

1830年4月問世的《私人生活之場景》，不僅在法國被讀者

取得了初步成功

以極高昂的熱情廣泛地拜讀著，而且在義大利、德國、波蘭、俄羅斯等國家，也擁有相當的讀者。

即使是大名鼎鼎的歌德，都曾向其祕書表示過對巴爾札克傑出的文學才能的驚異，同時代的法國女作家喬治‧桑甚至揚言：為看上巴爾札克一眼，她徒步走上 40 英里也樂意。

不僅是他的那些女性讀者，在小說裡把她們所喜歡的角色當成了自己，帶著顧影自憐的傾向，沉溺於她們的自感薄命。

甚至於連一位相比她們要嚴肅得多的裁判官，也不能不為這位一躍而入文壇的青年作家之多才多藝與集中的力量所驚奇。

他在《紅色旅館》中的簡明的描寫力，得到了當時一位嚴肅的批評家的肯定。他的《無名的傑作》，也為同行們所驚訝。如果把巴爾札克這一時期的五花八門的作品看作一個繽紛耀目的萬花筒的話，那麼，組成這萬花筒的每一個小鏡片所反射出來的，都是一道道天才的光輝。

這一時期的小說從主題看，不外是探討愛情的和金錢的魔力。其中著名的是《高布賽克》、《蘇城舞會》和《驢皮記》。

《高布賽克》寫得早，立意深刻，說是為高利貸者立傳，實是為拜金主義畫像。

《蘇城舞會》是《高布賽克》的姐妹篇，為闡發《高布賽克》的主題曲提供了一個生動的實例。同是出身於貴族家庭，艾米莉小姐因觀念陳舊、不知交往，只得委身於一個七旬老翁埋葬了自己的青春。而深悉金錢奧祕、八面玲瓏的馬克西‧米利安則春風得意、飛黃騰達。

巴爾札克為自己初步的成功感到喜悅、驕傲、陶醉，得到勝利鼓舞的巴爾札克，創作欲望更強了。

這時候，他又看到了拿破崙的那尊石膏像，看到了那凝眸而視的挑戰，他勉勵自己，要用筆去完成「皇帝」用劍所未能完成的事業，要征服歐洲、征服整個世界。

1831 年，一部以他自己為原型的以哲理深刻見長的作品《驢皮記》問世了，它雖然不是《人間喜劇》中最精彩的作品，但卻是最重要的作品。

經過整整 10 年的奮鬥、掙扎，嘗盡了人生的諸般味道，深刻地體驗了金錢的威力和貧窮的痛苦之後，巴爾札克終於從自己的經歷中，從自己的親身感受中，把他的藝術才華噴發了出來，特別是他利用他的肉眼和「精神之眼」看出了人類的精神矛盾：為謀求生存，需要耗費巨大的精力，而要追求某種巨大的快樂，滿足某種強烈的欲望，則要付出生命的代價。

《驢皮記》中所塑造出來的拉法埃爾·瓦倉丹，也可以說巴爾札克自己，就是這種人類精神矛盾的化身。

長篇小說《驢皮記》以一張驢皮的神奇故事告誡人們，一味追求欲望的滿足，迷信金錢的結果將意味著什麼。

主角拉法埃爾，出身於破落貴族家庭。一天，深受貧困和失戀折磨的拉法埃爾在賭場輸掉最後一枚金幣後，決定跳塞納河自殺，忽然又覺得白天跳河有礙觀瞻，信步走進一家古董店。店老闆看透他的心事，願意讓他延長自殺期限。古董商細心地以自己的經歷開導拉法埃爾，他說：

取得了初步成功

人類因為他的兩種本能的行為而自行衰萎，這兩種本能的作用吸乾了他生命的源泉。有兩個動詞可以表達這兩種致死原因所採取的一切形式：那便是欲和能，在人類行為的這兩個界限之間，聰明的人採取另外一種方式，而我的幸福和長壽就是從它那裡得來的。

欲焚燒我們，能毀滅我們。但是，思想卻使我們軟弱的肉體處於永遠的寧靜境界。這樣，欲望或願望，便都在我身上被思想扼殺；動作或能力都被我器官的自然作用消除了。

簡言之，我既不是把我的生命寄託在容易破碎的心裡，也不是寄託在容易衰萎的感官上，而是把它寄託在不會用壞、比其他一切器官壽命都長的頭腦裡。

一個物質的占有會使我們留下什麼呢？不過是一個概念。請你設想一下，一個人能把一切現實的東西都銘刻在他的思想裡，把一切幸福的源泉都輸送到他的靈魂裡，排除一切塵世的汙垢，從而提煉出無數理想的快樂，那時候，他的生活該是多麼美滿呀！

思想是打開一切寶庫的鑰匙，它提供快樂給吝嗇人，而不會為他帶來麻煩。我就是這樣在世界上逍遙，我的快樂始終是精神上的享受，我的放縱便是欣賞海洋、各民族、森林和高山，我什麼都看過，可這是安安靜靜地看，不讓自己疲勞；我從來沒有渴望過任何東西，我在等待一切。

我在世界上漫步，就像在自家的花園裡那樣。人們的所謂憂愁、愛情、野心、失敗、悲哀等，對我來說，都不過是被我轉化成夢幻的一些觀念；我不是在感覺它們，而是在表達它們，演繹它們，我不讓它們吞噬我的生命，卻把它們戲劇化，把它們提高；我用它們來娛樂，就像我運用內心的視覺來閱讀小說。

年老的古董商不厭其煩地向拉法埃爾講述了這麼多，歸之為一句話，就是要他以精神享受代替物質享受和追求。對此，拉法埃爾說：

希望你愛上一個舞女，那時候你就會懂得放蕩生活的快樂，也許你會變成一個揮金如土的浪子，把你以哲學家風度累積的全部財產通通花光。

最後古董商無奈，他向拉法埃爾出示了一張來自東方的驢皮，上面寫有梵文：「要是你只有我，你就會占有一切，但你的生命也屬於我。這是神的意志。希望你的願望將得到滿足，但需用你的生命來抵償。你的生命就在這裡。每當你的欲望實現一次，我就相應縮小。」

發財心切的拉法埃爾不計後果，真的揮起驢皮來，於是頃刻間就變成了擁有年收入 20 萬法郎的有錢人，但卻過著刻板無聊的生活。這時，命運將他心儀的少女保琳送到他面前。就在情侶倆熱烈擁抱之時，彼此發現對方的生命已隨著驢皮在不斷縮小，終於雙雙氣絕身亡。

在驢皮記裡，巴爾札克第一次表現了他真正的元氣。他把小說當作社會的一個橫切面，去寫那錯綜複雜的高高低低的階層，貧乏和富有，急需和浪費，天才和資產階級，巴黎孤單的頂樓和熱鬧的沙龍，金錢的勢力和它的無能等。

敏銳的觀察家與批評家，已開始把真實感加到那個感傷的浪漫主義者身上。《驢皮記》的浪漫的特徵，乃是那個從《天方夜譚》裡，把東方童話移植到 1830 年的巴黎來的意念。

取得了初步成功

更多的浪漫特性可以在那個冷酷的福多爾伯爵夫人以及和她對照的人物保琳這兩個人物中看出來，前者是一個寧願奢侈而不願戀愛的人；而後者卻是一個捨己為人的戀愛的女孩子。

可是，震撼了他同時代人們的巴爾札克身上的現實性，和描寫他自己求學時代的自傳性的場面，卻都是直接從個人經驗中生長出來的。

那些醫生們的爭論與高利貸者的哲學，不只是在沙龍中竊聽來的談話的重現，而是真正角色們昇華的本質。

《驢皮記》一問世，在當時就產生了很大的社會反響，人們爭相購閱，互相討論，一時稱盛。年邁的歌德在去世前看了剛剛出版的這部書，立刻產生了極大的興趣，欲罷不能地讀下去，認為「這是一部新型的小說」，甚至在病中他還要設法每天讀它幾頁，過過癮。

這時候的巴爾札克，無論是以成人論或藝術家論，還是人格論，都趨於成熟了。如果要給巴爾札克的一生劃分個階段的話，那麼，從此，他就進入到人生的後期。一方面，他以獅子般的勇猛，繼續投身於文學創作，創作了大量流芳百世的名作，無情地耗損著自己的生命；另一方面，他追求奢華生活，嚮往貴婦人的愛情，生活態度發生了很大的變化。

《高布賽克》、《蘇城舞會》、《驢皮記》是寫法不同的三部現實主義作品，一個帶有明顯的浪漫色彩；一個以精雕細刻取勝；一個則訴諸象徵寓意的手法，但它們所敘述的故事，所表現的主題，所蘊涵的人生哲理是相同的。

這三部作品的發表引起了強烈的反響，連詩人歌德也為《驢皮記》的深刻哲理和絕妙表達叫好。

從《舒昂黨人》到《驢皮記》，歷經 3 年的艱苦奮鬥，巴爾札克終於為自己的創作開闢了一條康莊大道，走向輝煌。

經過了 10 年徒勞的摸索，巴爾札克發現他真正的事業，乃是做一個當代的歷史學家，為那個奇形怪狀的，自稱為巴黎、法蘭西，或者世界的有機體做心理學家與生理學家，做畫家與醫生，做審判官與文學創作者。

如果他最先的發現乃是他自己工作的巨大能力，則第二個，而且並不次要的一個發現，乃是運用這種力量的目的。當巴爾札克找到他的目的，他就找到了自己。

正如歌德一樣，甚至於在《少年維特之煩惱》與《柏爾裡卿根騎士》成功以後，仍舊不敢自己承認，說他的天才是為文學而生的，並且也只是為文學而生的。

同樣，巴爾札克甚至於在寫《驢皮記》之後，他還不自信文學就是他真正的事業與命運。事實上，他是那些有天才人們中的一個，他們的天才是在他們所採取的任何方式下都能顯耀出來的。

當轟動一時的《驢皮記》出版後，巴爾札克對他的創作才能也抱有懷疑態度。

即便在少年時代他是那樣堅決地拒絕了律師事務所的體面工作和固定收入，而去從事文學創作，而當他一旦做了，而且取得了一定成績之後他卻對自己的能力產生了疑慮。

取得了初步成功

這可能正是那種「初生之犢不畏虎」的相反心態，似乎也是可以理解的。因為不經事不知其中之艱難。他越是實踐之後越是感到這條路的難走，所以，有一個時期他動搖在從政、從文的兩種選擇之間。

1830 年的七月革命，又把中等階級置於當權的地位，並且有為的年輕人有很多施展本領的機會。法蘭西議員，能夠升得像一個拿破崙時代的 25 歲至 30 歲的陸軍上校那樣快。

巴爾札克幾乎決定為政治而放棄文學。他把自己擲入政治的熱情當中，並且希望獲得康伯瑞和福瑞爾兩地全體選民的支持。

他希望掌權者，或者那些選舉人會對他略表好感，這可能就是他野心所要採取的途徑了。他可能變成一個法蘭西的政治領袖，甚至他可以成為拿破崙第二。

然而，他的天才不是用來征服議院、交易所的，而是征服全世界的。他的心又回到了他那簡陋的書桌旁邊來。而且，他為自己構築了一個前所未有的文學世界。

他絕對不能漫無目的地一本一本胡亂地寫下去，他為自己的創作構想設計了一個藍圖，「要把它們連成一個一切世情與一切生活形式的階級組織」，那將是一個包羅萬象，揭示人間悲歡的文學世界。

他預想到而且預見到了他的工作的下層平面圖的輪廓。這就是他的《人間喜劇》的初步設想。只是在這時候，他並沒有想到這個可以包容他全部作品的名稱。

在他的工作剛一開始時，他就發現，如果要使他或他的讀者，對這廣大的領域有窺其全豹的可能性，他要把許多的文章連成一個一切世情與一切生活形式的階級組織。

當他把這些小說的第一部送給一個朋友的時候，他寫道：「我工作的下層平面圓開始有輪廓了。」

他會孕育一個結果圓滿的觀念，使各個角色重現於不同的書中，這樣，就可以代替一串毫無關聯的小說，而創造出一部完整的有文學性的當代歷史，包括了一切的階級、職業、意念、情緒和社會狀況。

這正如他所委託的查斯勒·菲拉瑞特所寫的一篇序文中所說的那樣，那將是一大組壁畫，他寫道：

> 作者已著手於描繪我們這個時代的社會與文化的工作。這個時代，由於它過熱的想像和個人自利主義的優勝，在他看來是墮落的。我們將看到作者如何能不斷地在他調色板上調合新色彩。

他如何按順序地摹寫社會階層的每一段落。他把我們介紹給一個一個的人物：農民、乞丐、牧人、市民和內閣大臣。即便描畫一個教士的圖像，甚至於國王本身，他也絕不畏縮。

當藝術家的因素在他身上開始占優勢的一剎那，這個偉大的幻景已呈現在他的心裡。

為還債四處躲避

巴爾札克以如此驚人的速度進行創作，但是他並沒有任何粗製濫造的嫌疑。巴爾札克不但具有超人的勤奮，而且具有異常嚴肅認真的創作態度。他曾經寫道：

> 在能寫的時候，我就寫我的手稿，不寫時就進行構思。訴訟、債務或者疾病奪去每一頁稿紙，都是在耗損我的生命。我從來也不休息。

此外，他視每部手稿都為「草稿」，在正式出版之前，從未停止過修改。由於他常常在校樣上大肆刪改，不知被出版商扣除了多少稿費，而且一遍一遍地修改到自己滿意為止，使得有些段落與新作無異。

巴爾札克發表的 10 頁書或 20 頁書，往往等於 100 頁未發表的手稿，他精益求精，用在修改上的時間是創作時間的數倍、數十倍。

6 月初，他離開了巴黎，去跟馬爾岡一家人居住在一起。他還在他的雄心所產生的一個感情的蠱惑之下，雖然理智已經使他感到了無望。他最後用失望的公平的態度坦白地告訴卡羅·珠兒瑪他的近況：

> 我現在得到愛克斯去，得到沙蕪瓦去攀爬山嶺，跟在某個也許要對我開玩笑的人後面跑，那些在你眼裡無疑是個醜惡的貴族婦人之中的一個，這是有著天使一般美麗的臉孔之中的一個，在這美

麗臉孔之後人們認為也必有一個美麗的靈魂。

她是一個公爵夫人，非常的謙遜，非常的可愛，又多情，又聰明，又嬌媚，和我從前所看見的任何人都大不相同。一個遇到靠近的接觸就從每一次的誘惑退縮回去的女人，一個說明愛我，可是如果她固執起來的話卻把我看守在一個威尼斯宮殿的深處的女人，一個要我專門為她寫作的女人。

就是這樣的女人之中的一個，這就使得人家毫無保留地加以崇拜，如果她們要求的話，就得跪在地下，去征服這樣的女人。這真是一樁最快樂的事。

這是只在夢境裡遇見到的一個女人！對什麼都要妒忌！噢！如果我能夠跟你一起住在安古蓮，靠近你的磨粉廠，既可以感到愉快，又可以心靈平靜，傾聽風輪機的轉動，飽嗜冬菇，跟你和你的朋友們一起談笑，而不是在這裡耗費我的時間和生命的話，這對我一定是更好的！

然而，使他傷透腦筋的是經濟上的悲劇又一次朝著他襲來。巴爾札克正好跟米達斯相反。他的手所接觸的東西並不能變成金錢，而都變成為欠債。

只有一條路可以拯救他，那就是回到他的寫作上面來，而要寫作就需要清醒的頭腦。或者只剩下一個可能的辦法，那就是逃。從巴黎逃出來，從愛情裡逃出來，躲避他的債權人，逃到人家找不到他、碰不到他的地方去。

當然他所要寫作的任何東西都已經事先賣了版權。動身之前那一天，他簽訂了兩個合約，預支了 1,500 法郎，作為幾個月的零花之用。但是離開巴黎界線的時候他得付清 1,400 法郎的債

為還債四處躲避

務，等到他登上驛車到沙妻去的時候，他所有的也只剩下 120 法郎了。

好在住在馬爾岡家裡的時候，他的一切需要都可以得到滿足，他也沒有什麼花費的地方。他整天整夜地坐在房子裡寫作，只在吃飯的時候出來一兩個鐘頭。

然而，靜悄悄地坐在沙妻房子裡卻不能夠降低巴黎家裡的流水一般的開銷。他得找到什麼人來替他料理他的事情，減輕他的費用，並跟債權人爭辯，平息商人們的吵鬧，而他所知道的唯一能夠負擔這繁重的責任的人也就是他的母親。掙扎了幾年要脫離她的保護之後，現在他卻被迫去謙卑地躲避在她的節儉理家的才能之下了。

母親減少了他的家庭開銷，辭退了多餘的僕人，打退了商人們和查封產業的人的進攻，售賣了華麗的馬車和馬匹。她一蘇錢一蘇錢，一個法郎一個法郎地設法恢復他那崩潰了的財政，但是就連她，不久也毫無辦法地面對著債權人的急速的突擊。

房租還沒有付清，房東要抄押家具。只麵包店一家就拿來一張欠 700 法郎的帳單。很難想像一個單身漢怎麼會消費這麼多的麵包。

每天都有在巴黎金融市場上流轉的匯票和期票到期需要收回，她在無可奈何之中就接連地給她的兒子寫信，然而她的兒子卻早就把還沒有寫出來的書稿版權賣掉了，他看不出有什麼希望在他沒有把這些書都寫完之前，可以從出版家手裡再弄出任何一個法郎。

就是每天做了 24 小時的工作，他也不能夠付清過去幾個月他所欠的債務。

　　境遇困苦的時候，他倒成為了一個最優秀的藝術家。憂愁在某種神祕的方式之下變為了高度內心的集中。他自己的解釋也是最真切的：「我所有的最好的靈感往往都是來自最為憂愁、最為悲慘的時刻。」

　　只有四面楚歌找不到出路的時候，他才能夠跟被人追捕的麋鹿投入河水似的投身於他的工作。只有生路被斷絕的時候，他才尋找到他的「真我」，這種情形再沒有比這個風波頻繁的夏季更清楚地表露出來。

　　他一方面給仍不回信的德・卡斯特裡侯爵夫人寫情書，計算著日漸減少的現錢，設法延期贖回期票，對付預先購買他的版權的出版家的追索，施用種種的方法去推延無可避免的破產。

　　另一方面他卻寫他的《路易・朗貝爾》，他的名著之中最有深度的一部書，在這部富有雄心的小說裡，他希望能夠勝過他所有的著述，而且也要證明他比他同時代的作家顯得高明。

　　這表示他要放棄已往的作風，要跟這個為女性讀者所愛戴的流行的浪漫派小說家告別，同時這也證明他要創作一部著作時的正直之處，這個著作在讀者們正要求有刺激的言情小說和社會小說的時候是不會有大銷路的，因而也就不能像後者能使他獲得他那時最需要的物質上成功的機會。

　　正當出版家和書商等待著他寫出一部司各特或古柏爾式的小說時，他卻獻身於一篇帶有純粹理性興趣的悲劇性的故事的著

為還債四處躲避

作，他這種對一個理性英雄的觀念是應該跟拜倫的《孟福勒特》和歌德的《浮士德》相併列的。

7月下旬，他把書稿送交給巴黎的出版商。在沙妻6個月的居留已經完成了他的著作目的，但是他的經濟地位卻並沒有任何的改善。如果他再住在沙妻的話，結果就是麻煩朋友們的招待。

他顯然不好意思向這些客氣的人們借一筆小錢，因而暴露了他的窮困景況。幸而他總還有其他躲避的地方。他知道卡羅一家人一定會喜歡接待他，因為他們自己也跟教堂裡的老鼠似的貧窮，他沒有隱瞞他的窮困的必要，可以坦白地實說著名的巴爾札克口袋裡就連補鞋的錢都沒有。

他甚至於都不能夠坐郵車從沙妻到安古蓮去，曾經一次備過一輛馬車、養過兩匹肥馬的人現在卻在烈日之下一直步行到杜爾去。到了那裡，他才坐了郵車到他的目的地去，到達之時，囊中已空無一物了，他立刻向珠兒瑪的丈夫借了30法郎。

卡羅夫婦曾經親身經歷過各種無常的浮華生活，聽了巴爾札克告訴他們他進退兩難的情景時，他們不禁萬分同情地笑了起來。

他們都盡其所能地拿出一切東西來供給巴爾札克。他找到了一間清靜的房子讓他工作，他找到了愉快的空氣，晚上跟他們一起談天的時候找到友誼的深情。跟以往的情形相似，和這些坦誠的朋友們一起談了兩個鐘頭，要比他所認識的一切貴族的社會都能夠使他更為快樂。

他的工作進行得非常順利，短時間內他就寫成了《棄婦》

和《笑林》等好幾篇故事，除了修正《路易·朗貝爾》的校稿以外。如果他每天早晨沒有因為收到他母親從巴黎給他寄來的向他要錢來還付數不清的債權人的信件時而受的苦惱的話，一切都是很美滿的。因為他就是向人家借了小小一筆30法郎的債務而已，都得跟他的傲氣作過一次鬥爭，要弄到幾千幾萬的法郎似乎是無法辦到的。

巴爾札克的黑暗時刻已經到來了。在勝利的兩三個年頭之中他曾經吹噓說他能夠付還他母親所借給他的所有的錢。他沉醉在他的成功裡，他相信自己的才能，所以，他就生活在絲毫不以金錢為主的生活方式裡。

他以為可以依靠他在社會上的關係，相信可以跟一個富裕的女人結婚來尋找他的最後的安全計策。現在他卻又像敗家子似的不得不爬回家裡來，謙卑地要求家庭的幫助了。

他的母親居然能夠說服一個老朋友德·蘭諾瓦夫人借給他10,000法郎。巴爾札克答應去改變他的奢侈的生活方式，放棄他的揮霍的生涯，培養謙遜節儉的品德，用複利的方式去償清他的債務。

巴爾札克於8月21日動身，在利摩日稍作停留，他認真地遊覽了城市，又搭上驛車，幾個小時後到達克萊蒙。

巴爾札克不直接回巴黎，因為他接到日內瓦警察局的電報。他躲到布羅尼埃爾的德·貝爾尼夫人處，在那裡找到友誼的寬慰和忘掉最近的羞辱。

巴爾札克等著娶一位愛他的，有才華、風度、智慧、謙遜並

有財產的完美的妻子。信差送來了很多崇拜他的女讀者的來信給他，這證明她們對他的藝術作品是很動情的。這裡面不乏漂亮女孩，當然也有醜女、老婦、精神失常者以及輕佻女郎。

找個理想的妻子就像是大海撈針，這些陌生的來信者有些成為他小說中的出色的女主角。假如某一位小說中的女主角鍾情於埋頭寫作的作家，那在現實的生活中可是件倒楣的事。在巴爾札克看來，他不知道他心中的人兒在哪裡？到處都是粉黛裙釵，但哪裡也沒有知音。他再一次為自己的長相感到遺憾。

為生活拚命寫作

巴爾札克回到巴黎後，立即從幸福的雲端栽到債務纏身的俗世的煩惱之中。他發現這裡的一切比他預期得還要壞，欠他錢的人，保證要付給他錢的人，都沒有履行諾言。只有他母親始終如一地幫助他，可是他知道她自己並不寬裕。

1832 年 2 月 28 日，正當巴爾札克和他的朋友馬爾岡一家人住在沙妻的時候，家人給他轉來了一封引起他的特殊興趣的信。

這是一封來自遙遠烏克蘭的署名為「陌生女子」的來信。信上印有「天神莫測」的字樣。作為一位聲譽日隆的作家，收到異性崇拜者的來信，在巴爾札克早已是司空見慣。

不過，這封信卻使他興奮異常、受寵若驚。因為這封不速之信雄辯地表明，他的大名已傳到數千英里之外的沙皇俄國。

更重要的是，寫信人法文如此道地，不但能在遙遠的烏克蘭讀到他的小說，還願意支付 30,000 左右法郎買下他總標題為《風俗研究》的一套選集的版權。這套選集共計 12 冊，其中包括重印的《私人生活場景》、《外省生活場景》、《巴黎生活場景》。

直覺告訴他，興許這位陌生女性就是自己多年來朝思暮想的理想佳人。巴爾札克當然不會放棄這一天賜良機。

由於她沒有寫明地址，巴爾札克在 4 月 4 日，在《法蘭西新聞報》上登了一則啟事：「巴爾札克先生收到了 2 月 28 日的來信，他對無法回信感到遺憾。」

為生活拚命寫作

幾個月過去了，外國女人也沒再有什麼表示，可能是她沒有看到啟事。突然，在 1832 年 11 月 7 日，她來了一封很令人激動的信：

> 先生，您是一個老派人物，您的哲學思想屬於長期從事律師事務所薰陶出來的，也是老古董。然而，聽說您很年輕，很想結識您，但又想並不需要。
>
> 我讀了您的作品，心情十分激動，您使女人具有她應具的尊嚴，愛情是女人的天賜美德，是天性的流露。您有這種令人羨慕的敏感，真令人欽佩。您應該分享到天使的姻緣，您的心應該有從未享受過的幸福。
>
> 外國女人會愛您和您的作品，願意和您交朋友，她也知道愛，就是這麼回事。啊！您明白我的話？對您來說，我是外國女人，這將是我的全部生活，您將永遠不認識我。
>
> 我尊敬您的才能，向您的心靈致敬，我願意當您的姐妹，和您在一起，就會了解正義、道德和良心。

經過幾個反覆，巴爾札克終於探明這「陌生女人」果然是一個擁有萬貫家財的女人，一個他夢寐以求的理想佳人。她就是韓斯卡夫人，巴爾札克未來的妻子。於是乎，一場長達 18 年之久的馬拉松式的戀愛開始了。

這位「陌生的外國人」出身於俄羅斯波蘭裔貴族、伯爵之家，名字叫艾芙娜琳·韓斯卡。1819 年，她嫁給比她年長 22 歲的伏爾伊尼貴族萬斯拉·韓斯基將軍。這位將軍在烏克蘭有文珠尼亞莊園，田產 21,000 公頃，農奴 3,000 多名，財產估計有數百萬盧布。

巴爾札克在寫信給這個景仰他的外國女人的同時，對那個拒絕他的法國女人實行報復。在他看來，韓斯卡夫人具有所有的優點。

韓斯卡夫人買下了巴爾札克總標題為《風俗研究》的一套 12 冊的選集版權。合約簽訂以後，巴爾札克高興得快要跳了起來：「這筆鉅款足以叫所有那些游手好閒的懶鬼、只知罵人不會做事的無能之輩和一幫文人通通氣紅了眼！」

雖說他還無法還掉借他母親和柏爾尼夫人的錢，但是現在至少能夠償還那些催索得最急的債權人的債務了。即便兩個星期以後他還掉一筆 5,000 法郎的欠款後，又變得「實實在在一文不名了」，然而他並沒有因此而發愁。

正如他所說的，他對「此等小小的戰鬥」已經習以為常，他明白經過兩三個月的艱苦工作，就能夠賺得更多的錢。

因此，對他而言，當前的問題就是認認真真地寫作、日日夜夜地寫作。

與此同時，他沒有忘記趁熱打鐵。他無意讓愛情冷卻下來，所以每個星期都要為他的韓斯卡夫人寄去至少一封熱情洋溢的信，既表示問候，又傾訴衷腸。

韓斯卡夫人在給她兄弟亨利・熱武斯基伯爵的一封信中也寫道：

在瑞士，我們結識了一位令人著迷的朋友，他就是巴爾札克先生，《驢皮記》和其他許多優秀作品的作者。他成了我們真正的親密朋友，我希望這友誼將維持終生。

為生活拚命寫作

巴爾札克很像你，我親愛的亨利，他像你一樣快樂、愛笑、和藹可親，連他的外表都有點像你，你們倆都有點拿破崙的氣質。

巴爾札克真像個孩子，如果他愛你，他就像孩子一樣天真直率地說出來。總之，你看看他這個人，簡直難以想像，一位如此博學而且有很高造詣的人，在思想感情上，竟然如此純真、可愛，充滿稚氣。

她還動情地寫道：「有生以來，我還沒有像在納沙泰爾的七八月那樣幸福寧靜過。」那裡的山水草木，那裡的居民，都引起她無限的愛戀。顯然，她和巴爾札克一樣，不由自主地墜入了愛河之中。

1833 年 3 月 1 日，巴爾札克向她宣布又繼續寫《路易·朗貝爾》，「這是流行作品中最叫人傷心的一個」。反之，《鄉村醫生》對他來說只不過是「詩歌形式化的耶穌基督的模仿作品」，至於《戰役》，這可能是一本雄渾有力的會引起轟動的作品。他對韓斯卡夫人說，最使他惱火的是，在讀以前寫的作品的版本時，發現文筆笨拙的「《驢皮記》再版了，我又發現某些錯誤，這是詩人的憂傷」。

有人在新聞報刊上批評他文體鬆散。他對她暢所欲言，非常愉快，以至於難以停止講知心話，他告訴韓斯卡夫人：「那些人從四面八方向我叫喚，說我不會寫作，我早就說過，這樣說話太叫人傷心，因為白天我寫新作，晚上修改舊作。」

信來信往，他們之間的激情不斷增長。韓斯卡夫人想知道她心上人的一切。她小心翼翼地詢問那些在巴黎碰到過巴爾札克或聽到過談論他的波蘭人。有些消息使她吃驚也使她不安。她將情

況告訴了巴爾札克，巴爾札克進行了辯護。

巴爾札克專心致志地與韓斯卡夫人通信，在 1833 年初，花費時間很多，堆了不少訂單。《路易·朗貝爾》一書出版後未獲成功，讀者不買帳，批評家抨擊，巴爾札克覺得寫這種難懂的神祕的作品不成功，不能再寫。

他只好重新腳踏實地寫現實的作品。由於《巴黎雜誌》與他訂約，他匆忙地編寫《法拉居斯，行會師傅的領班》，這是《十三太保的故事》的第一部分，他想，此書故事情節不可能為愛好神祕故事和陰謀故事的讀者所歡迎。

巴爾札克的這本小說，是在充滿怨恨的心情下寫的，他既揭露了某些女人的媚態，又描寫了貴族階層的利己主義，十分觸目驚心。他靠高濃度的咖啡提精神，通宵不眠。他輕率地與一家出版社簽約，這使他精力耗盡。他主要的慰藉是友誼。

但是，奇怪的是他擁有的都是女性的友誼，而且或多或少地帶有愛情色彩。他的周圍朋友中沒有男性，也沒有友好的夥伴和可以依靠的知心人。《十三太保的故事》的作者已完全沒有男性的共謀者，他只能在女性朋友那裡找到愛和忠誠。

由於納卡爾醫生堅持要求他休息一段時間，他也就答應珠爾瑪·卡羅的要求在 4 月和 5 月到弗古萊姆火藥廠待 3 個星期。

等巴爾札克回巴黎後，出版商怒氣衝衝地指責他違約，他把一篇題為《交涉的理論》的文章給了新辦的《文學歐洲》雜誌，這是一篇談醫學和哲學的文章，並且準備將新小說《歐也妮·葛朗臺》也給這家雜誌。

為生活拚命寫作

出版商認為這是近乎欺詐的不守約行為，將巴爾札克告到商業法庭。巴爾札克對這種做法甚為憤怒，到出版商處大吵大鬧，搶回《鄉村醫生》一書的排版稿。

這個欠考慮的行為首先會把他告到法官那裡。這事差點釀成大禍，巴爾札克被弄得暈頭轉向，他只好求助達布朗泰斯公爵夫人出來干預以調解此事，因為她的《回憶錄》也是由這個出版商出版的。

最後這些判官們判決，說巴爾札克存心不良，花了8個月時間去寫《鄉村醫生》，得讓他用4個月時間交給原告一本新的小說《三位紅衣主教》。由於這個過錯，他應付出版商3,800法郎賠償金。付了這筆款項後，巴爾札克可以自由安排他的版權。

在這個不公正的判決後，巴爾札克只有寄希望於《鄉村醫生》獲得巨大成功。

1833年9月3日，小說送到書店銷售。即便這本書東拼西湊，品質還是不錯的，但讀者持保留態度，專欄批評家言辭尖刻。批評家們幾乎一致指責作者並沒有為讀者奉獻真正的小說，而是一本包含政治、農村經濟、市鎮管理、實用醫療、宗教思想等編織起來的烏托邦大雜燴。

然而，他還是將此書遞交法蘭西學院以評得蒙蒂翁獎，這個獎是用來獎勵有益於風化的書，此獎的金額為8,000法郎。在這種缺錢時刻，這筆款子對巴爾札克十分有用。可惜的是評獎先生們看不上《鄉村醫生》一書。這讓巴爾札克感到特別失望，因此他只好選擇暫時離開巴黎。9月22日，星期天，巴爾札克於18

時坐郵車從巴黎動身，經 40 小時旅程，於 24 日到貝桑松，並受到友人夏爾‧德‧貝爾納的接待。

他為業務訪問了幾位朋友，沒什麼結果，當晚換了另一輛車奔諾沙泰爾。9 月 25 日，他下榻福孔旅社。他不久就到克雷山上市鎮街找到安德里埃宅第。在那裡巴爾札克終於見到了韓斯卡夫人。

韓斯卡夫人面前出現了一個齜著牙、眼睛發紅、長頭髮、胖乎乎的矮個子。但是，這種令人不悅的尊容只不過是一剎那的事。

當他跟她說話時，她認出了這個熱情奔放的文人，並再次地征服了她。這個精神煥發的女人，使他敬愛備至，這張性感的嘴似乎天生造就的，她法文講得很漂亮，她的鄉音使人想起了烏克蘭的草原。

不久，巴爾札克就又返回到了巴黎。他剛從疲憊中休息過來，就得對付留在首都的那些煩瑣複雜的事務，他曾經寫道：

> 這裡的事出乎我意料，很不妙。那些欠我錢的並答應還錢的人不
> 履行諾言，我母親是忠心耿耿，但我知道她很為難。因為我的開
> 銷很大，我得彌補因出遊造成的損失。但是現在，我得日夜辛勞。

他的勤奮工作，很快得到回報。有一個出版商終於願意成批購買 12 本《風俗研究》，包括再版的《私人生活場景》，再加上《外省生活場景》和《巴黎生活場景》，總數巨大，共 27,000 法郎。並且，合約很快簽訂。

巴爾札克的書一本又一本地出版，裡面的故事雖然各不相

同，但他明白，其宏偉的結構雖然還不能肯定，但是其含義是次要的。

如果從其整體結構來看，雖互相獨立，但各自有新的透視，有千絲萬縷的聯繫，有同等的價值。這樣一來，他覺得有必要準確地描繪人物，以及人物活動的場所，那些城市、街區以及他們居住的房屋、從事的職業，這樣可以一覽無遺地看到人們的生活條件的方方面面。

隨著他思考的深入，畫面銜接起來了，相互補充，組成一幅廣闊的圖景。他想，對自己以及對他的作品，均已發揮得差不多了，他不知更進一步該如何表達。

大多數批評家瞧不上巴爾札克，認為他寫得太多，寫得太快。他們不喜歡洪水激流而喜歡小溪流水。他們認為巴爾札克是一位討大眾喜歡的多題材作家，但肯定不是大作家。

他們指責巴爾札克文字臃腫，與情節不相稱。他們說巴爾札克的文學跟他本人一樣，既胖又俗，缺少分寸，倒胃口。巴爾札克聽了以後覺得難受，但他還照寫不誤。他就像人不能換皮一樣，文風也無法改變。

有時，他就像寫《路易・朗貝爾》那樣，展現一個尋找創造意義的思想家，別人埋怨他沉浸在極度抽象之中。有時，他就像寫《歐也妮・葛朗臺》那樣，描繪的是現實生活，這時，別人又埋怨他太現實了。

對巴爾札克來說，工作、金錢、愛情這三個概念是緊密連繫在一起的。在他看來，沒有工作就沒有錢，沒有錢就沒有愛情。

他羨慕那些豪紳隨意旅行，不計較開支多少。然而他為了和他的「天使」在日內瓦相聚，得在巴黎將工作安排妥帖，節衣縮食以支付驛車、旅館和其他日常開支。只要這個女人不是貪財的，對追求她的男人來說，就是很寶貴的。他在給韓斯卡夫人的信中寫道：

> 從孩提時起，我從未擁有一文我自己的財產，到現在我算是輝煌了。然而，我還得為找資金而到有錢的人那裡奔走。我游來逛去，浪費時間。

韓斯卡夫人慷慨解囊，給了他一些幫助。但是，她提供的款項為數極微。她自己沒有個人財產，財產都是她丈夫的。巴爾札克很感謝，感謝她的施捨，但絕不能接受。

然而，韓斯卡夫人在可憐巴爾札克奮筆疾書當苦力文字匠的同時，也懷疑他在巴黎被別的女人纏住，她們奉承他。

1833 年 11 月 17 日，巴爾札克到馬塞利娜·德博爾德·瓦爾莫爾的表兄，雕塑家泰奧菲勒·布拉家，在《怪母和孩子》的塑像前駐足凝視。

正好在塑像旁，有一對祈禱的天使的塑像。這兩件作品是偶然湊在一起的，在他看來卻是一組有象徵性的群體，他站在畫室中間，頓時有所啟迪，他在給韓斯卡夫人的信中寫道：

> 我在這裡看見現存的最美的傑作……這就是《受兩個天使——崇敬的聖母瑪麗亞和孩提時的耶穌》。我從這裡構思了最美的一本書，這本書，《路易·朗貝爾》是它的序幕，書名為《塞拉菲塔》，此書與《弗拉戈萊塔》一書一樣，集兩種特性於一身。

但是，我猜想，它不同之處在於這個女人是天使，在最後轉化時刻來到世上，並脫去軀殼升天。他被一個男子和女子所愛，他對他們說，在升到天國後，他們就會相愛，他在這個女人身上看到的是一個純粹的天使。她向他們顯露了激情，給了他們愛，讓他們逃脫人間的苦難。

如果可能的話，我將在日內瓦，在你身邊寫這本可愛的書，但是這位聲音洪亮的塞拉菲塔叫我心煩，她已鞭策我兩天了。昨天，我的椅子，我熬夜的夥伴壞了，自從我從事這類戰鬥以來，這是我用壞的第二把椅子。

巴爾札克回到家裡後，覺得自己的觀點與布拉的玄奧觀點很接近，他從石膏塑像群體得到啟發，想寫一本小說。

他創造了兩個特殊人物，一個是威爾弗裡德，就是作者的化身；另一個是安娜，那就是艾芙琳娜‧韓斯卡。他們倆都受到兩性人塞拉菲圖斯‧塞拉菲塔的控制，這個兩性人既有男人的特點，又有女人的特點，這就保證他比常人有優越性。

這個兩性人由於激起了男人和女人相互競爭的愛情，其智力發展到了最高階段。由於處於真人和神的狀況，他要解決所有矛盾，他預示物質和精神的統一性問題。

由於出現這種情況，他要解決他身上肉體聯繫的兩性特點問題。最後，他升入天國，這證明了人類狀況是可以改變的。由於這個光輝的範例，威爾弗裡德和安娜這兩位主角也變成了天使。

巴爾札克在處理這種玄奧的主題時，想以此來解釋世界上的問題。但是，拿這作為小說題材，思想上的框架如何處理？這裡應是絢麗多彩、純真和冷靜的，應該有寬廣的空間。

於是，巴爾札克想到了挪威，但他不了解這個國家。然而，他可以到書本裡找到資料。

　　韓斯卡夫人不會使他改變寫神祕小說的計劃。她本人也有家族傳統，有預感、有幻覺和各種的昏厥。他的很多讀者也是要求作品跨越現實。

　　巴爾札克一想到前途，就越想把《塞拉菲塔》書稿帶到日內瓦。他沉醉於真正的靈感中。由於想寫這本小說，他迫不及待地想將這本啟蒙性作品獻給韓斯卡夫人並與她相聚。

　　因此，巴爾札克在巴黎使出渾身解數，玩命地寫作，迫不及待地與書商打交道，一點一滴地存旅行的經費。

　　到了12月，一切準備就緒，巴爾札克一直寄予厚望的《歐也妮·葛朗臺》得以順利出版，並大獲成功，連最敵視他的幾位文學評論家也不得不驚嘆這部小說高超的藝術成就。

　　他由此獲得了一筆數目可觀的收入，旅行費用的問題自然迎刃而解了。

　　1833年聖誕節那天，巴爾札克抵達日內瓦，住進了艾芙琳娜·韓斯卡為他在「弓箭」旅館訂的一個房間。

　　這對情侶還進行了文學性的參觀，到過科佩、費爾奈、迪奧達蒂別墅或科洛尼山坡等。

　　巴爾札克對愛情想入非非，同時玩命寫作，在編寫《塞拉菲塔》時，他向日內瓦博物學家比拉姆·德·康道爾諮詢斯堪的納維亞的植物誌，還修改《滑稽故事集》，不時地想像他的艾芙什麼時候才能完全屬於他。

為生活拚命寫作

1834 年 1 月 18 日，在征服韓斯卡夫人方面似乎獲得重大進展。可能並沒有完全占有，但最後的防禦顯然已被一一攻破。有些舉止已明確地預示未來的結果。

巴爾札克在日內瓦的逗留持續了 40 多天。1834 年 2 月初，巴爾札克回到巴黎後，仍沉浸在愛情的幸福之中，他對在日內瓦與心上人的狂歡之夜歷歷在目。

到達巴黎後，巴爾札克總結在日內瓦的收穫。他修改了《朗熱公爵夫人》，《塞拉菲塔》已動手寫了一大段，《古玩陳列室》進展順利，《滑稽故事集》輕快地草草擬就。由於比拉姆·德·康道爾的幫助，收集了有關挪威的資料，除此以外，還有他愛慕的情人的回憶錄。

在巴爾札克的周圍的人也都陷入到憂愁和困境當中。

德·柏爾尼夫人得了心臟病，一個月內老了 20 歲。珠爾瑪·卡羅因弗拉佩斯勒產業問題十分操心。在巴爾札克家裡，這一次為種種債務搞得焦頭爛額。他母親因冒險性的投機破了產。

妹妹斯洛爾和丈夫因無聊的瑣事經常吵架。她丈夫承包了多種重要工程，鬧得頭昏腦漲，如果他無法從財政困境中擺脫出來，巴爾札克就得幫他一把。可是巴爾札克手頭拮据，無法提供幫助，也沒有手稿可賣錢，情況頗為棘手。

即便有這麼多煩人的事，經濟上又拮据，但是在社交場合還得裝門面。好友推薦他去找找奧地利大使夫人阿波尼伯爵夫人的門路。如果巴爾札克到維也納找韓斯基一家，這是很有用的關係，阿波尼與巴黎各界都有來往，與歐洲各王族有緊密聯繫。

2 月 18 日，巴爾札克到大使館，但並沒有被接見，然後，約定了 23 日會面，他滿懷激情前去赴約，很快成為大使夫婦的常客。

在此期間，巴爾札克在歌劇院每週訂 3 個晚上的票。音樂可以鎮定神經。他為了出席使館招待會和歌劇院晚會，在裁縫比松處精心製作了一件金鈕扣的藍禮服，黑呢子褲子，黑緞子背心。

即便他已身無分文，但還準備了一根綠松石圓頭的手杖，並且將他的文章很招搖地刻在手杖上。這根華麗的高級手杖引起了新聞記者們的挖苦和諷刺。巴爾札克很難受，也很惱火。

4 月初，巴爾札克感到十分疲勞，醫生甚至懷疑他患有腦炎，囑咐他好好休息。他對自己的健康十分擔憂，同時也擔心自己的作品，因此到弗拉佩斯勒，打算在卡羅身邊休息幾天。

但是，他不是擱筆休養，而是致力寫作《凱薩‧比羅多》、《婚約》和《塞拉菲塔》。

每天他只睡 5 個小時，然後就像「賭徒上賭場」一樣地連續工作 15 ～ 18 個小時，「只有亡命徒才有這股狂熱」。

不久前他的頭髮還烏黑油亮，現在卻一天天地變白，一縷一縷地脫落。好心的納卡爾醫生一再警告他，不要十分拚命，應注意勞逸結合，否則他就會垮下來。

有時候他自己也擔心：「我開始發抖了。恐怕在我所忙著營造的建築物竣工之前，我自己就會被過度的勞累和睏乏所壓垮。」

他的肝部開始隱隱作痛，可是他又不能中斷他雄心勃勃的寫作計劃。他寫道：

為生活拚命寫作

站住，死神！你要是非來不可，就來給我加重負載吧！我還沒
有完成我的使命呢！

他不顧一切地寫出一部又一部的作品，他的想像力從來沒有
在這麼多的領域裡活躍過。完成了《朗熱公爵夫人》後，他在
1834 年 6 月到 9 月的 100 多個夜裡，又寫出了《絕對之探求》，
10 月開始寫《塞拉菲塔》。11 月動手寫《高老頭》，而且在 40
天內就完成了它的初稿。

在 12 月和其後的幾個月裡，他接連寫出了《海濱慘劇》、
《豌豆花》、《改邪歸正的梅莫特》、《金眼女人》以及《三十歲
的女人》的另外一些章節，他還草擬出《賽查·皮羅托盛衰記》
和《幽谷百合》的提綱。

說起來簡直不可思議，而實際上這些都是他在十多個月的時
間裡所寫的全部作品！與此同時，他還改寫了《舒昂黨人》等早
期的幾部長篇小說，擬好了《都蘭趣話》第三輯的 10 個題目，
和儒勒·桑多合寫了一部叫《領班小姐》的劇本，編選《19 世
紀法國作家通信集》，與出版商們在幾番艱難的討價還價後簽訂
合約。

此外，他還始終不渝地向他的夏娃投寄出總共多達 500 餘頁
的書信和日記。

夜以繼日地工作

巴爾札克從不與人為仇，當然更不與人為敵。當他和他的出版商洽談生意，讓那些刁鑽的商人在他面前就範的時候，他並不是為了向他們勒索幾個額外的法郎，而往往是出於一種逗樂的願望。只不過表示他是他們的主人，而不再像從前一樣當他們的奴隸罷了。

他有時也說謊，但那不是騙人，而常常是一種出之於豐富想像力的幽默。

他不是不知道人們對他的嘲笑，但他卻常常把這種被嘲笑的舉動更加誇張地表現出來，以博得更多的歡笑。他看到人們以為他怪氣而非常得意。

當他知道人們要諷刺他時，他就以希伯萊作品中一個快樂的酒徒的方式，先把自己諷刺過了。他覺得，無論是皮膚下的肌肉和腦子中的腦細胞都強過他們，這一些小小的被嘲和自嘲又算得了什麼呢？在智力、精神和體力上，他能勝過他們千百倍，那麼，在這些無關緊要的問題上，讓他們占點上風又有什麼關係呢？

他享有內心豐富的感覺，即便他有時還缺乏一點信心，但這內心的感覺給他以面對一切挑剔、非難、嘲諷的勇氣，使他大度自若，永遠昂首挺胸，永遠愉快勇敢，永遠心無旁騖地向前。

夜以繼日地工作

在 1833 年 10 月至 12 月這兩個月的時間裡，巴爾札克拚命似的致力於《歐也妮‧葛朗臺》、《朗熱公爵夫人》、《塞拉菲塔》等幾部小說的寫作。

在巴爾札克的有限的交往中，婦女占著較大的比重。這是因為他童年時代就缺少母愛的原因。而且，在社會現實中，婦女往往要比男子多一份純潔和善良。他所需要的正是那種融合著母愛的純潔而善良的感情。

巴爾札克需要一種寧靜的熱情，需要在自己的困頓和勞累中找到一位母親、姊妹和助手。因此，他願意多和她們接近。

至於說他的男朋友們，那就更少了。他需要他們，主要是為了依靠。他們可以隨時隨地地幫他的忙。他們之間是親如家人的關係。這些人，都是他 20 來歲時，在萊斯堤尼爾街的困境中的老相識。他們都是一些極普通的平民百姓，如參加過他的《克倫威爾》的朗讀的那位大夫，那位鐵器批發商人，還有一位裁縫。他和他們的友誼一直延續到他生命的終結。

此外，他沒有把他寶貴的時間拿來結交過這圈子之外的任何人。因為他知道，他已經準備好了一切。擺在他面前的唯一的事情，就是把他的才能和智慧獻給他的寫作。他的時間是屬於工作的。他沒有更多的時間去與朋友交往。

巴爾札克在感情上是大度的，金錢上是揮霍的，可是，有一件東西他卻是吝嗇的，那就是時間。時間對他來說，是絕對地值得珍惜的。時間，對於巴爾札克，是比金錢更為寶貴的。為了節省每一刻時間，他很少與人交往，甚至那誘人的貴婦人們的客廳

沙龍中的社交活動，他參加得也很有限。因為社交活動的貧乏，他與外界的交往很少。

在他的一生中，真正親密的朋友也超不過 10 人。而且到了晚年，這個圈子縮得更小了。他沒有結交新朋友的時間，他需要寫作的時間。至於他作品中所需要的社會生活和各色人物，他已經在他青年時代的坎坷中認識和熟悉了。

他現在需要的是把那些人物、世相再現出來，這就比平時更需要時間。所以，他一天只能把一個小時給這世界。

在創作室裡，他的日日夜夜是這樣度過的。他的工作程式的開頭是在夜裡，所以我們也只好把生活顛倒一下，從夜裡寫起。因為「人們的夜晚是他的白天」。

巴爾札克一天至少要工作 18 個小時，幾乎沒有什麼娛樂和休息。人們驚嘆巴爾札克的天才，殊不知這天才與勤奮的工作，那種忘我的、瘋狂的工作精神是分不開的。

巴爾札克給韓斯卡夫人的這些信是自述甘苦，也是傾訴衷情；是企盼理解，也是尋找宣洩。巴爾札克是一個意志堅強的錚錚鐵漢，一個如他自己所說「不知疲倦的戰士」，但同時又是一個感情異常豐富的文人，他熱衷工作，熱衷拚搏，熱衷冒險，同時也企盼理解，企盼支持，企盼溫情。

有像韓斯卡夫人這樣一個善解人意的女性聽他傾訴，聽他發洩並給他寫信，給他支持，給他撫慰，給他希望，這是巴爾札克的幸運。

而與此同時，巴爾札克始終都是在忙碌疲憊地工作著。每

夜以繼日地工作

天晚上 20 時，整個巴黎都停止了一天的繁忙，開始安靜下來，人們下了班，回到自己家中，吃了晚飯，準備開始他們的夜生活了。

這時巴爾札克開始睡覺。在寫字臺上消磨了這以前的 16 個小時之後，他沉沉地睡去了。對這喧鬧的世界，他一無所覺，更談不上加入其中了。

晚上 21 時，一切夜生活開始了，巴黎又從寧靜走向喧鬧。戲院的大幕已經拉開，包廂和座池裡也都座無虛席。舞廳的營業也開始了，人們隨著音樂正翩翩起舞。賭場裡也集滿了賭徒。他們正聚精會神地盯看著他們的骰子或轉盤的指針。

當然，在公園，在街角，也許還有一對對情侶正在竊竊私語、談情說愛。而這時，巴爾札克睡得正香。他的疲勞的腦子正在輕鬆地休息。

22 時了，巴黎居民區的燈光正在陸續熄滅，上了年紀的人都要上床睡覺了。寧靜的街道上不時傳來車輪聲，在外玩樂的人們漸漸地回家了。

這時，巴爾札克還在睡覺。這是他入睡後的第三個小時，他正在從睡夢中吸取那未來工作的精力。

23 時了，戲散了，舞停了。赴宴的人們也回家了。飯店、舞場打烊了。賭徒的叫鬧、醉漢的喧囂由遠而近又由近而遠了。最後一個行人也消失了。巴黎完全入睡了。

這時，巴爾札克也在睡覺。這是他入睡以後的第四個小時，這也是巴爾札克與巴黎人有共同睡眠的唯一的時間。

146

零時，全體巴黎的人們進入夢鄉的時刻，巴爾札克的工作開始了。既然別人正在做夢，那就是他醒來的時候了；既然人們都在休息，那就是他工作的時間了。

　　在巴黎的燈光完全滅盡之後，一束燭光點燃在那間小屋子裡了。而且，為了避免晝光的射進，影響他的心境，他讓僕人拉上了厚厚的窗簾。

　　這樣，一個與世隔絕的環境已經造成。這裡，沒有一個人來打擾，沒有一個客人來造訪，沒有信件讓他分心，沒有債主叫他煩惱，也沒有一個校樣要他來校正。

　　現在，一切的時間都是屬於他的了。那是一個漫長的時間的延伸，它的延長度可能是 8 個、10 個，甚至是十多個小時。而這種不能停止、不打算停止的工作條件，也只有在晚上才有。

　　只有在令他停止工作，給他干擾的那些人們進入夢鄉之後，他才能獲得這個條件。為此，他把自己的生活和人們的生活顛倒了過來。他說過：「工作中必須中斷與必須外出的時候，對我是不可能的。我從未一氣只工作一兩個小時。」

　　他的工作，是一幹就是 8 個、10 個，甚至更多個小時的。1833 年，巴爾札克曾在文中寫道：

> 我的生活就是為錢鬥爭，與忌妒者搏鬥，不停地跟我的作品戰
> 鬥，這場戰鬥需要鼓起全部肉體的和精神的力量。

在 1835 年，他又寫道：

> 依然是不停地工作，無盡地奔忙，為的是設法支付票據，如果我
> 沒有坐在我的金眼女孩的客廳裡，在燭光下伏身寫作，也沒有累

夜以繼日地工作

倒在沙發上，那我就正在為自己的債務奔走；睡得很少，吃得很少，誰也見不到。總而言之，就同一位正在指揮一場既無糧草又無皮靴的戰役的共和主義者將軍有些相像。我只有工作，這是吞沒一切，耗盡全部精力的工作，這種殘酷的鬥爭只有在戰場上才會發生。

可是這又把我的話題引遠了，校樣在等著，必須跳進我的風格的奧吉亞斯的牛棚，糾正錯誤。我的生活只是單調地工作，沒有變化地工作。

我就像奧地利年老的上校向瑪代萊絲女皇說起他那匹灰馬和他那匹黑馬一樣，我有時騎這匹，有時騎那匹；我呢，6 小時騎《路吉艾利》，6 小時騎《該死的孩子》，6 小時騎《老姑娘》。我不時站起，望望房屋之外，由我的窗口眺望，從陸軍大學到特羅納的鐵柵欄，從先賢祠到凱旋門全在眼下，我吸過一陣空氣，重新工作。

在之後的 1841 年裡，他又寫道：

我應該把提綱完全弄好，在《外省和巴黎生活場景》中還有許多沒有寫。至於談到《政治、軍事和鄉村生活場景》，那還不足 2/3，我得在 7 年內全部完成，否則我就永遠不能完成《人間喜劇》。

第二年的 10 月他又寫道：

白天奔走張羅，夜裡工作，困苦不堪；為了從我們的出版商手裡擠出 15000 個法郎，比在維也納會議上得到成功需要更多天才和外交手腕。而這一切都是因為他們知道我是多麼窮困！

每當夜間零時的時候，臥室門則會響起「篤篤」的叩門聲，這是僕人在叫他起床了。他從 20 時睡到了零時，對他來說，這

已經是相當奢侈的了。他必須在他並未充分享用睡眠的舒適之前，結束那甜美的睡眠，開始工作。

巴爾札克穿上他的寬大的長袍。這袍子是他專門為工作而設計的。因為它寬鬆、輕便，穿著可以完全自由地活動。這種袍子有兩件，冬天是件羊毛的，柔軟而暖和；夏天則是件薄布做的，透氣而不黏身。

工作時，無論冬天夏天，衣領永遠敞開著，這可以使他不致由於創作的衝動而氣悶。有人也說，他選擇這種僧袍似的衣服，目的還在於時時提醒他，他在為著一個神聖的事業而工作。而且，就像是一種條件反射一樣，穿上這件袍子，他就覺得應該，而且可以抵禦外界的一切引誘似的。

他用一條編織的帶子，據說後來是用了一條金鏈，鬆鬆地系在這件僧袍上，上面還掛了一把裁紙刀和一把剪子。這一切準備妥當之後，睡意算是被清除出去了。

僕人在叫醒他之後，便會點燃桌上燭臺上的 6 支蠟燭，並且立即拉上了窗簾，使燭光不致外洩，也使晨潮和日光不致進來。這一切都在告訴人們，他與外界要完全隔絕了。

他要的是遠離塵囂。在這個世界裡，一切有形體的事物都隱藏在陰影裡。只有那燭臺上的 6 支蠟燭的光亮，擴展在那有限的空間，照著他的工作臺，也照著他的腦海和心靈。

巴爾札克坐在他的書桌旁。這地方如他所說：「我把生命投入這個坩堝裡，就像丹術家投他的金子。」

那是一張樸素的長方形書桌，是他的財產中最有價值的東西。他對它的珍視勝過於他所有的貴重的東西，比如他那鑲有寶

石的手杖、許多的銀盤子、裝潢華貴的書籍，甚至於他的名聲。它跟著他從一個住處搬到另一個住處。

他也多次地從破產中把它拯救了出來，因為破產後，債權人常常把他的家具用來抵債，因此常常把它們搬走。而巴爾札克則常常悄悄地在那些華貴的家具中挑出這張書桌把它運回。它是他工作的唯一見證。

巴爾札克說：「它曾看見過我所有的窘困，知道我的一切計劃，曾經偷聽了我的思想。當我的筆疾馳於紙上時，我的膀臂幾乎是粗暴地在壓著它。」

沒有一個人類中的一員有它那麼了解巴爾札克的。沒有任何一個人，和它生活過那麼長的時間，巴爾札克在這張書桌前一直工作到死。

這是一個記錄著這位世界文學巨匠創作歷程的珍貴文物。

最後他瀏覽周圍一遭，然後確定每一件東西都準備妥當了。巴爾札克在他工作的方式上是很執著的，他愛他的工具像一個士兵愛他的武器。在他投身於戰鬥之前，他必須知道它們已經在他手邊準備好了。

他的左手邊放著一疊一疊、整整齊齊的空白稿紙。這稿紙是精心挑選過的，有一定尺寸，帶有淺藍顏色的。這種顏色的選擇為的是長時間地在燭光下呈現，不至於使眼睛太疲勞的緣故。紙張的表面特別光滑，為的是筆在上面書寫時可以毫無阻礙。

他的筆也是精心準備的。那是一支用大鴉的翎管做的筆。除這種筆，其他筆他一概不用。要知道，巴爾札克寫作時，常常是

筆尖跟不上思想。像那瀑布一般，江濤一樣奔湧而來的思想，如果沒有滑潤流利的書寫工具，那是不可想像的。

他用的墨水池，不是他的崇拜者們送他的那個孔雀石的，而是從中學時代起就跟著他的那個一錢不值的中、小學生的用品。可見他是一位非常懷舊的文人。

墨水池邊放著幾瓶備用的墨水。這個粗莽的大漢，一切似乎都滿不在乎，可是他寫作所用的這一套設備，卻是準備得周周全全、一絲不苟的。

他不允許任何的準備被忽略，這種準備會保證他創作進行得順利無阻。在他右手邊擺著一個小記事冊，在那裡面，他時而記進去一些在後面的一章書裡可能有用的思想與意念，再沒有別的裝備了。

書籍、論文、研究資料等，是概不需要的。在他開始寫作以前，巴爾札克已經把一切都融會在腦子裡了。

坐在椅子上向後一靠，挽起他袍子的袖子，使他的右手動轉如意。然後他鼓勵自己，用半開玩笑的話對自己說，像一個馬車伕在慫恿他的馬開始拉車。或者應該用一個在從跳板上做陡峻的入水式以前，伸伸腿，活動活動關節的游泳家來比擬他。

巴爾札克寫了又寫，不中止也不猶疑。一旦他想像力的火焰被燃著，它就不斷地閃耀起來。它像一場林火，火舌從一棵樹跳到另一棵樹，在進程中越燒越熱。

雖然他的筆在飛快地疾馳，可是字句幾乎不能和他的思想並進。他越寫越把字句省略，為了不至於思想得更緩慢。他不能讓

夜以繼日地工作

他內心的幻想有任何隔斷，他的筆也一直從紙上不提起來，直到手指一陣痙攣的打擊強迫他鬆了手指，或是那寫的東西在他眼前浮動起來，他疲勞得頭暈眼花的時候。

街上靜悄悄的。屋裡唯一的聲音乃是筆從紙面上光滑地馳過的輕輕聲響，或者是時而把一篇紙加到寫好的一疊上去的「沙沙」聲。

從子夜到黎明，五六個小時的不息的勞作，氣壯如獅的巴爾札克也支持不住了。他感到了疲勞。他需要暫時地休息一下。他的眼睛乾澀，手指僵直，腰背痠痛，太陽穴鼓漲。他確實需要休息一下了。

可是，不行，他還不到休息的時候，身體的疲勞只是人的感覺，是身體需要休息的一種信號，而能不能休息，那還得看工作進展的情況。五六個小時，這對巴爾札克來說，即便已使他眼澀頭漲了，但相對他的工作來說，那還遠遠不到休息的時候。

等到外面的天空被晨光照射的時候，這新形成的一天，無形中又增加到了一個新的高度。新的一天到來了，可是晝光並不能進入這間屋子。

這間屋子的主人還沉醉在夜晚開始的酣戰中，他並不知道現在已是長夜即盡、旭日東昇的時候了。他仍在那燭光中的世界裡遨遊著，遨遊在他那想像的天地裡。

在五六個小時的不間斷的寫作之後，他的太陽穴悸動起來，他的神經也不能再緊張了。別人可能對他已經做的工作知足，而停止工作，但巴爾札克卻拒絕讓步。

這匹馬即使在刺馬針下傾跌了，也得跑足它規定的路程。巴爾札克便從他椅子上站起來，走到那張放咖啡壺的桌子旁邊。咖啡是開動引擎重新運轉的黑機器油，它對巴爾札克比吃飯睡覺都重要。

他恨紙煙，那是不能夠刺激他達到他工作時所需要的最高的強度的。他認為：「紙煙對身體是有損的，打擊了腦子，並使整個的種族低能。」

但是，對於黑色的咖啡，他卻是寫道：

咖啡滑到一個人的胃裡，它推動了一切。一個人的觀念像「大軍」的行陣一樣排成了隊伍前進。回憶帶著那領導軍隊參加戰爭的旗幟加倍地湧來。輕騎兵的隊伍排開了在疾馳。邏輯像炮隊帶著它的輜重與砲彈震撼前來。清晰的觀念像射擊手一樣加入這場決鬥。

角色們看了他們的服裝，稿紙上寫滿了墨水，這個戰爭已經開始，而在一種流滿黑色液體的情形下完結，像一片真實的戰場包圍在火藥所施放了的黑煙的纏結裡。

沒有咖啡他就不能工作，或者至少不能像他這般情形地來工作。在紙筆之外，到處他都把烹製咖啡的用具當作一件不可缺少的裝備隨身帶著，這東西對他的重要不減於他的桌子或他的白色袍子。

他不許另外任何人來備辦咖啡，因為再沒有人會把這有刺激性的毒藥弄得如此濃黑有力。並且，正像信仰一種迷信的拜物教一樣，他只用一類特別的紙張與某種形式的筆，同樣，他也按照一種特別炮製法，把咖啡混合起來。

夜以繼日地工作

他的一個朋友曾經記載道：

這種咖啡包括三種不同的豆類 —— 布爾崩、巴爾丁尼克和摩沙。他到蒙特布朗街去買布爾崩，到老奧得萊特街去買巴爾丁尼克，而摩沙是在聖日耳鎮的大學街一家商人處買的，雖然我屢次在巴爾札克做採購的遠征時陪他同去，可是那商人的名字我已忘記了。這種遠征每一次都要半天的旅程，直穿過巴黎。然而對巴爾札克的好咖啡，是值得這麼麻煩的。

咖啡是他的麻醉劑，但和一切藥品一樣，如果要它保持效力，必須把它的劑量不斷地加重，因此他就吞食了越來越多的置人死命的長生藥，使他的神經追得上那種有增無減的緊張。

他談到他的一本書，只是由於「成了河的咖啡」的幫助才得以完卷。在 1845 年，在將近 20 年的過分沉溺之後，他承認他不停地求助於這種刺激品，已使他整個器官組織中毒，而且抱怨它效力越來越小了。

同時，在胃裡還使他感到可怕的痛苦。假如他那 50,000 杯咖啡，使《人間喜劇》龐大體系的寫作加快，它們對那本來強健得像口鐘似的心臟的早衰，也得同樣負責。

納卡爾大夫，他終身的朋友與醫生，曾說道：

一種由於夜晚工作，由於服用或毋寧說是濫用咖啡，所積成的老心臟病。

這才是巴爾札克死的真實原因。

終於，鐘鳴了 8 下，上午開始了。過慣了夜生活的巴黎人也許這時正在醒來，也許有的還正在酣睡。然而，對於巴爾札克來說，新的一個工作日又已經開始了。

154

其實，這也無所謂「新的」，還是「舊的」，昨天的，正確來說，是昨晚的。這就叫做「夜以繼日」。不同於「日以繼夜」。前者是說晚上接著白天做事，後者是說白天接著黑夜工作。但是不管是「夜以繼日」，還是「日以繼夜」，對於巴爾札克來說，都是適用的。他既是夜以繼日，也是日以繼夜。

　　於是，在正常睡覺的人們還沒有起床之前，鏖戰了一宿的巴爾札克，又開始工作了。

　　門外傳來一陣陣聲響。他的僕人端著一盤簡單的早飯進來。巴爾札克從桌前站起，他是從子夜一直坐在那裡寫作的。

　　一個暫時的休息來到了，僕人拉開窗簾，巴爾札克走到窗前，向他準備征服的城市眺望了一下，他這才又記起另一個天地與另一個巴黎，一個正在開始工作的巴黎，因為這時他自己的勞動已到結束的時候了。店鋪在開門，孩子們正忙於上學，馬車正在街上轔轔走過，公事房與帳房裡，人們正在他們的桌旁落座。

　　這時，巴爾札克洗了一個熱水澡。他喜歡洗澡。熱水的泡浴能使他重新獲得精力。他喜歡這種浸泡，還有一個原因，那就是在那裡他可以不受干擾地幻想。因此他常常在那裡泡上一個小時。

　　在他剛穿上衣服時，便聽見門外有腳步聲了。信差從他各處的印刷所那裡給他帶來樣稿。索要稿件的人，也在第一時間來到巴爾札克家，帶走那些墨跡還沒有乾的稿子。

　　巴爾札克所寫的每一部東西一定是立即付印的，這不僅因為報紙或出版商正在像等待一筆到期的債似的等待著稿件。事實

夜以繼日地工作

上，每一部小說都是在寫作以前就已賣出去的，還因為巴爾札克在那夢一般情形中寫作，他並不知道他寫的是什麼或他已寫成了的是什麼，即使他敏銳的眼光也不能一覽無餘他稿子上濃密的混亂，只有當它們在排印出來的時候他才能一段一段地校閱它們。

從印刷所、報館或出版商們那裡的另外的信差把他兩夜以前所寫而在先一天付印的校樣篇幅，和更早交出去的二校三校的稿樣一齊帶來了，整疊的新的大樣，常常有五六打從校樣機上拿下來的墨跡未乾的稿件，鋪滿了他的小桌，要求他的注意。

9時，他短暫的休憩告一段落。他休息的方式，如他曾說過，是由一種工作變更為另一種而成的。但就巴爾札克而言，校大樣並不是一件容易事。那不僅只包括刪除排字工人的訛誤與風格或內容方面輕微的修改而已，而是整個原稿的重寫與修改。

事實上，他把第一次排印出來的稿樣當作了初稿，並且沒有比把那一連串已經用他敏銳的藝術責任感層次審視修改過的校樣中的規模已具的文字，再逐漸加以整理的工作，更使他犧牲熱情和精力了。

關於他工作的每一環節，他都是苛刻的，關於排印大關，他堅持非按照他所定的規則不可。紙張必須特別長、特別寬，上下左右的四邊，有著廣大的空白，以便校改。

還有，他拒絕把稿樣印在通常廉價的黃紙上，而要求白色的質地，那麼在紙上的每一個鉛字，就能清楚地顯現出來了。

巴爾札克的修改，並不是一般意義上的那種修改，而是一場緊張的拚命。這完全可以從那墨跡四濺的樣稿或那被戳成一個一

個小洞的筆跡上看出來。

巴爾札克的這一工作，不說是衝鋒，也可說是打仗。那絕不是改掉一兩處不合適的造句，統一幾處不統一的風格，刪除幾個多餘的字詞，增添幾個句子或段落。

巴爾札克的改稿，其實就是重寫，是對於前幾天的成果的重新改造。在他看來，第一次排出的稿子並不是校樣，而是初稿。在那裡，他仍做著大刀闊斧地改造甚至是再造工作。

巴爾札克用他的筆，似佩刀般地一揮，一個句子便從文章中刪去，而被拋向右方；一個單字被刺中了而被猛擲於左方；整個一段文字被拉了出來而把另一段填了進去。

通常給排字工人用的那些符號是不足的，巴爾札克要用他自己發明的符號。不一會兒的工夫，在稿樣四周便沒有足夠的空隙來供他更多地修改，那些修改現在比已印成的文稿都多了。

在四邊上他所改動的文字本身，也被做了許多記號，以引起排字工人對那些補充的事後想到的東西加以注意，直到一塊本來是白色空間的沙漠和中間的一塊印著文稿的沃土上面，都被交叉線條的蛛網蓋滿為止。

於是，他必須翻過篇去在背面繼續修改了。然而即使這樣，還是不夠。當紙上沒有更多的空間來裝那些符號時；當排字工人無法順著混亂的交叉線找到更改的文字時，巴爾札克就借助於他的剪子了。

不要的章節被肢解後挪開，而把新的紙黏在缺空上，一個片段的起頭被夾入中間，而另一個新的篇章就寫成了，整個文本都

夜以繼日地工作

被重寫了。這混亂的一大堆排印好了的文本，加入的校正與修改，符號、線條，還有塗抹的墨點等，在一種比原稿更加無比難讀與無比難解的情形下，送回了印刷所。

在報館和印刷所裡，最有經驗的排字工人都宣稱他們無法去解讀它。而且，他們雖是賺著加倍的薪資，卻拒絕一天排印巴爾札克的作品超過一小時以上。

必須得幾個月的工夫，一個人才能學會解讀他那種「象形文字」，可是，即使到了那個時候，一個特殊的校對人，還得重新校對排字工人時常自我揣測的解釋。

可是他們的工作仍只不過在它的初級階段上。當巴爾札克收到第二次印刷的大樣，他用和以前一樣的認真投身於它們之上。他再度把這整個辛苦築成的大廈拆散，把每一頁從頂到底布滿了更多的刪改與墨跡，直到它的複雜與難讀不減於它前身。

這種情形要有六七次光景，不過在後來的稿樣裡，他不再拆毀一整段的文字，而僅只修改單個的句子，最後則限制自己只調換幾個字而已。就他若干作品的情形而論，巴爾札克重改他的稿樣多至十五六次。

對於這一工作，可以說他是苛刻而迂拘的。如果不按照他的一改再改的態度，而將沒有得到他最後認可的樣稿刊印成書的話，那他是絕不能容忍的。

有一家報紙的主筆就吃過這個苦頭。他沒得到最後的認可就把他的文章刊印了出來，結果弄得巴爾札克和他永遠地斷絕了交往。

20 年中，他不僅寫了他的 74 部小說，他的短篇小說和他的小品，並且在那些作品最後印成問世以前，他還一次又一次地重寫了它們。

這是他辛勤勞作的見證，正如人們所說，除了貝多芬的手稿之外，在今天的文獻中，沒有任何一種東西能比巴爾札克的手稿更能表現藝術家的奮鬥精神了。

這些手稿，對於了解巴爾札克的天賦，他的非人力所及的精力，無比有力，這比起他的肖像以及有關他的掌故逸事，都更能反映出巴爾札克自己。

這樣工作兩三個小時之後，已經是中午 12 時左右了。機器得加油了，此時，巴爾札克推開那些稿紙，奧古斯都送來了他的午餐：一個雞蛋，一兩塊火腿麵包，或者一個小小的肉餅。

在飲食方面，他不是個苦行僧，他喜歡美食也喜歡美酒，但在工作之時，他拒絕這樣的美食。他知道，美食能使人遲緩怠惰，而這，於工作是極為有害的。

而且，他現在根本就沒有時間來供他遲緩和怠惰。所以，越是緊張工作的時候，他的食品也越是簡單。

並且，他連午飯後的片刻的小憩也沒有，在簡單地進食後，他又坐回到他的小書桌邊，繼續他的修改、校正、寫作。有時也將頭腦中閃現的一些火花記錄下來，以備以後創作中使用。

在這些時間，他也寫寫信，和他的朋友們作作筆談。這樣，到 17 時的時候，他總算把這一個工作日完成了。

經過這一番戰鬥，他真該休息一下了。他擱下了筆，把椅子

向後撤了一撤，站起身來，活動活動四肢。

在僕人奧古斯都準備晚飯的時候，他也許會見個朋友或接見出版商。但他經常是獨自冥想的，想他晚間將要進行的工作。即使這段時間，他也很少上街，因為他太疲乏了。

20時，當別人正在出去尋樂時，他上床去，而且能立刻睡著。他的睡眠沉熟而無夢。他所已經做了的整個工作，並不能解放他在明天，後天，以致他一生最末一點鐘所要做的工作，他睡覺就為了忘記這些，好讓自己放鬆下來，這樣他才能以最好的狀態去迎接新的工作。

每當到了午夜，敲門聲就會準時響起，這是僕人叫他起床了。於是他把蠟燭又一次點燃，窗簾又一次拉上。他新的一個工作日又開始了。這就是巴爾札克一個白天和一個夜晚，在地球自轉一週中的工作和生活情形。

巴爾札克有一個習慣，喜歡將每部作品另外編成一冊，由各個階段的修正清樣和原稿組成，如果比起一本印出後達200頁的小說來，這樣一冊東西有時竟多達2,000頁之多。有的時候，他不把原稿和清樣裝訂在一起，僅僅把它附在後面。在他看來，這就是他的工作成果，它們和他的孩子一樣是需要他珍視的。他不希望自己的作品被弄得亂七八糟的。於是他把這些東西都妥善地珍藏起來，就像珍藏自己的寶貝一樣。

有時候，巴爾札克將這些冊子分送給他的朋友，他曾經說過：「這些冊子我只送給愛我的那些人，它們是我的冗長勞作與耐心，我曾向你們說過的見證人。正是在這些可怕的篇幅上我曾消磨掉多少個長夜。」正所謂好東西要和好朋友分享，他和朋友

們分享他的作品也是在給彼此的友誼增加籌碼，讓他的朋友們為擁有他這樣的朋友而感到驕傲和自豪。

柏爾尼夫人、韓斯卡夫人、德‧卡斯特裡侯爵夫人，還有巴爾札克的妹妹斯洛爾，以及納卡爾大夫等人都曾榮幸地接受過巴爾札克的這些饋贈。納卡爾大夫曾深情地在給巴爾札克的回信中，談到他收到《幽谷百合》的清樣冊時的感受，他說：

> 這真是一座驚人的紀念碑，應該讓所有傾心於藝術完美性的人都看到它。這對於讀者們也大有教益，他們都以為思維產品的孕育與創造，就如它們被人閱讀時一樣毫不費力！我真希望我的圖書室就設在旺多姆廣場中心，以便欣賞你的天才的人可以知道你工作時的嚴謹與堅忍的真正價值。

巴爾札克沉溺於他的文學創作中，沉溺於他的藝術世界裡，達到了如痴如醉的「忘我」境界。

有一次，一個朋友去他家做客，他竟氣勢洶洶地突然站起身來，走到朋友跟前，怒吼道：「你，你，使這不幸的少女自殺了，你為什麼這樣吝嗇啊！」這句話使這位朋友聽了莫名其妙，如墜雲裡霧中，不明所以。這位朋友後來才慢慢弄明白，巴爾札克所指的那位自殺的少女，竟是他創作中的小說裡的人物──歐也妮‧葛朗臺！而小說中人物的自殺和他的這位朋友是沒有絲毫關係的。巴爾札克後來也覺得自己的態度有些過分，他趕忙向那位朋友道了歉。

這樣的事例並非獨一無二，後來的高老頭死了，死得那樣悽慘，巴爾札克不禁號啕大哭，悲傷不已。

夜以繼日地工作

　　巴爾札克讚嘆：「他無異於一個基督教神聖的殉道者」。有人也曾讚賞他「表現了人類崇高的至性」。其實，這都是把高老頭的父愛抽象化、神聖化了。事實上，高老頭的父愛並不單純，而帶著階級的複雜性，他的父愛是交織著封建宗法觀念和資產階級的金錢法則的。

　　從封建宗法倫理道德觀出發，他認為父女之愛天經地義，「父道」是家庭、社會的軸心；但他又懷著往上爬的虛榮心，把對女兒的「愛」作為攀援名貴、抬高地位的手段，結果，原本高尚的感情變得庸俗、猥瑣。

　　他還在信中詢問他的妹妹斯洛爾可曾知道他小說中的一個人物跟誰結了婚。他的朋友儒勒‧桑多從家鄉回來，告訴他說他妹妹病了，而巴爾札克打斷他說：「原來是這樣，我的朋友，那我們再回到現實中來吧，咱們說歐也妮‧葛朗臺吧！」

　　巴爾札克就是這樣，把現實的世界看成了虛幻，把他想像的藝術的世界看成了唯一的現實。

　　在人們看來，巴爾札克已經有點痴狂的狀態了。他沉迷於自己的創作之中，他幾乎把全部的精力都發揮到創作小說、塑造人物之中。這樣的巴爾札克寫下的小說裡的人物才那麼活靈活現。因為這些小說裡的人物已經不止千百次地闖入了巴爾札克的生活中了。

　　當巴爾札克一旦從藝術世界中走出來，他也不由自主地感到他對工作、對藝術痴迷得有些太過分了。這樣下去肯定會對他的生活造成不好的影響。他說：「有的時候，我彷彿感到腦子裡著

了火，似乎我命中注定必將死在我心靈的廢墟上。」

即便如此，巴爾札克還是不遺餘力地生活在小說的虛擬世界之中，他小說裡的人物似乎都一直在他身邊存在著。他愛護小說裡那些善良的角色，憎恨像「葛朗臺」那樣的吝嗇鬼。他似乎覺得周圍現實存在的人都是從小說裡逃跑出來的。

所以，他時常會被那種喪失生趣的恐懼心所襲，而且把他自己所鍛鍊成的鎖鏈弄得「嘩啦」亂響：「在一個月裡我要做的事，是別人在一整年或一年以上的時間裡做不完的。」

然而對於他，工作成為一種強制的必要，而且欲罷不能了。他一天也無法離開他的小說，他希望每天都能讓小說裡的人物在眼前、在腦海裡活躍起來。他說：「在我工作時我忘了我的痛苦，工作是我的生命。」

雖然他的工作是各式各樣的，可是對它的持續不斷毫無影響：「在我不寫的時候就盤算我的計劃，而在我不寫也不盤算的時候，我有稿樣可改。那就是組成我生命的東西。」

創作了歷史巨著

與韓斯卡夫人相戀的最初 10 年是巴爾札克精力最旺盛的 10 年，也是巴爾札克走向成功、走向輝煌的 10 年。

就在巴爾札克與韓斯卡夫人開始通信的這一年，巴爾札克完成了 10 部小說，其中有 3 部傑作：《夏倍上校》、《都爾的本堂神父》和《路易·朗倍爾》。

《夏倍上校》也是一部反映社會醜惡的悲劇。寫的是一個丈夫被自己的妻子遺棄、剝奪的故事。

夏倍伯爵是帝國禁衛軍的上校，1806 年在普魯士戰場上身負重傷。他被一個農民救起。經過了一段調理，傷情養好之後，在國外流浪了 10 年。當他僥倖逃出萬人坑以後，卻被人當作瘋子。

10 年後他回到巴黎，其時拿破崙早已下臺，他也早進了陣亡名單，沒有人再認識他了，都不相信他就是夏倍上校。

與此同時，他妻子，娼妓出身的羅士·夏波丹早侵奪了他的全部財產並改嫁法洛伯爵。為了要霸占夏倍上校的財產，保住她貴婦人的地位，夏波丹將夏倍帶到鄉下別墅，一連三天，竭盡柔情蜜意，大灌迷魂湯，勾起丈夫昔日的愛情。善良的夏倍上校一時激動，答應「為了所愛人的快樂」，情願「重新鑽下地去」。

就在這時，夏倍上校不經意中忽然發現了妻子的陰謀。妻子的技倆傷透了丈夫的心，以致夏倍上校報復的念頭也沒有了，從此銷聲匿跡，到乞丐收容所了卻殘生。

《都爾的本堂神父》內容與《夏倍上校》頗為類似，寫都爾城的本堂神父、生性善良懦弱的副堂長皮羅多如何被他的同事脫洛倍神父排擠、陷害的故事。

結果，清白的皮羅多神父被教會打成騙子手，蒙受教內處分，免去聖職，而劣跡昭彰的脫洛倍神父榮升主教，躊躇滿志地離開都爾城，奔赴巴黎走馬上任去了。

這兩部小說從主題看，與巴爾札克創作初期的作品有其連續性，都是寫金錢的魔力、金錢的罪惡和愛的淪喪，但《夏倍上校》和《都爾的本堂神父》重在細緻入微地描寫善良人的悲劇、善良人的厄運和淋漓盡致地暴露社會黑暗。

這兩部作品標誌著巴爾札克的創作變得更扎實、更厚重、更豐富了。

1833 年，在巴爾札克創作生涯中是至關重要的一年。巴爾札克的隨筆雜論一下子少多了。前兩年，他平均每年要寫近百篇這樣的文字，而現在，隨著他一篇篇小說揚帆出航，隨著他的聲譽與日俱增，他似乎越來越不屑於寫這類文字，而將精力投到小說創作中去了。

而且，在這一時期小說的篇幅比過去增加了。一些短篇向中篇擴展；一些中篇向長篇靠攏；同是中篇小說，這一年的也比前兩年的要壯實得多，一些新的長篇如《歐也妮‧葛朗臺》等正在醞釀、構思之中。

與這些變化互為表裡的是，巴爾札克的創作風格、創作方法也在變化之中；視野越來越開闊，態度越來越冷峻，筆觸更加

創作了歷史巨著

細膩；神祕怪誕、巧言令色、大刀闊斧漸為樸實無華、平淡自然、精雕細刻所取代。不甘寂寞、銳意進取的巴爾札克正在尋找新路。

《歐也妮·葛朗臺》和《高老頭》的問世代表著巴爾札克的創作達到成熟階段。

《歐也妮·葛朗臺》是巴爾札克「最完美的繪寫之一」。小說最大的成就是塑造了一個吝嗇鬼典型。

《歐也妮·葛朗臺》寫一個愛財如命的守財奴老葛朗臺。他是一個箍桶匠，靠他的精明能幹，白手起家累積了一筆財產。

他愛財愛到了連親兄弟、親姪子，甚至親生女兒都不顧的地步，以至於把他妻子給女兒留下的一筆遺產都千方百計地攫為己有。他的一個強大的權力的象徵就是那一大把鑰匙串。

但是，他終於沒能永遠擁有這串鑰匙。在他死的時候，這串鑰匙「嘩啦」一聲掉到了地下。

小說還塑造了一個善良、純潔的少女，老葛朗臺的女兒歐也妮·葛朗臺的形象。她樂善好施，在堂弟落難時她給予了極大的同情和幫助。

這位少女和他守財奴的父親形成了一個極為鮮明的對比。另外，小說刻畫的老保姆形象也十分鮮明、感人。

巴爾札克把資產階級嗜錢如命的本質披露得淋漓盡致。葛朗臺的形像是對資產階級金錢拜物教的生動寫照。巴爾札克寫出了法國大革命以後資產階級暴發戶的發家過程，揭示了在新的歷史條件下資產階級聚斂財富的特點。

葛朗臺是一個透過政權更迭大發橫財的暴發戶，是大革命後得勢的資產階級的代表，又是復辟王朝時期遊刃有餘的大財主。他積聚財富的歷史充滿了血腥味。

　　這個吝嗇鬼具有時代特徵：他懂得商品流通和投機買賣的訣竅，尤其是懂得公債投機和資金周轉的重要性，精通如何利用債務關係和商業信用提供的機會。

　　他既是大土地所有者，又是一個金融資本家，他的得勢反映了復辟王朝時期土地、金融資產階級主宰一切的社會現實。同年，巴爾札克與出版商簽訂 12 卷《19 世紀風俗研究》合約，實際上為後來的《人間喜劇》打下了基礎。

　　1834 年，巴爾札克決定把自己的全部創作以《社會研究》為名，彙輯出版，並提出《社會研究》的詳細計劃，其中應包括《風俗研究》、《哲學研究》和《分析研究》。

　　這三部分合起來即是後來的《人間喜劇》。《絕對之探求》等中篇小說發表。開始了《高老頭》、《古物陳列室》、《賽查・皮羅多盛衰記》等重要長篇小說的創作。

　　1835 年 1 月，《哲學研究》出版，附有費利克斯・達文寫的「序言」，巴爾札克授意達文向讀者介紹他的《社會研究》的宏偉構思。

　　同年 5 月，《19 世紀風俗研究》第一捲出版，附有達文寫的「序言」。達文列舉了將要組成《風俗研究》的 6 個場景。

　　這所謂的《風俗研究》，就是對法國當時的社會生活、風俗人情進行研究後，用文學形式將它們表現出來，所以，這一部分

創作了歷史巨著

實際上就是對當時法國社會生活的反映。

巴爾札克為此寫道：

> 我要描寫一種生活的情景，每一種姿儀，每一種男性或女性的性
> 格，每一種生活方式，每一種職業，每一種社會地位，每一個法
> 蘭西省份，童年、青年和老年，政治、法律和戰爭。

他要求自己在做這一工作的時候，沒有任何一點疏漏。必須詳實、準確而且充分。這一部分的內容最多，因此，他又將它分為 6 個門類。在他的計劃中，這一部分要寫 114 部作品。

當然，由於他的早逝，沒能如數完成。這一部分，按照他自己的說法是要揭示「人類心靈的故事」，是一頁一頁的社會的歷史，是現實中所發生的真實的事實。

《哲學研究》是對社會生活進行哲理的研究，也就是對現實生活進行深一步研究後用文學的形式把他的研究表現出來。

這樣，它所表現的東西，就不僅僅是一些生活的表面現象，也是這些現象後面的更加深刻的東西。比方說，生活中有這樣的情形、這樣的「風俗」，那麼，這情形、風俗是怎樣產生的呢？它們說明了一些什麼問題？這都是它要加以研究並在研究後加以表現的。

巴爾札克也說過，寫這一部分的目的就是要說明「感情的來源和生活的動機」。這就比《風俗研究》中所反映的生活現象要深刻得多了。它要探討的是人的感情是怎樣產生以及人生活的動機是什麼的問題。

他還要探討「社會或個人的生命所必要的推動力量或條件是

些什麼東西」的問題。他要研究是什麼東西推動了社會或個人的生命。他要用批判的眼光去考察社會。

在《風俗研究》中，巴爾札克要把個人描寫成典型，也就是說，把一個人描寫成具有共同特徵的代表。比如《歐也妮‧葛朗臺》中的主要人物葛朗臺老頭，就是吝嗇人的一個代表。作者把這類人物的共同特徵都集中在他的身上。

而在《哲學研究》中，他要把「典型描寫成個人」，就是說，把他研究出來的人類一些普遍性的東西透過個別人物表現出來。比如《驢皮記》中的貴婦人福多拉的虛偽、冷漠、優雅的外貌下隱藏的鐵石心腸，是這一類富豪貴族的共同特徵。

巴爾札克透過對這類人物的觀察、分析、研究，挖掘出他們身上這些共同的本質，然後透過人物將它們展現出來。對另一女主角、平民女子保琳的刻畫也是這樣，他透過觀察、分析、研究出這一類平民少女的共同美德：勤勞、純潔、天真、樸實，然後把這些帶普遍性的特徵，透過這個人物表現出來。這一部分，他計劃寫 27 部小說。

《風俗研究》描寫的多是一些生活的現象，而《哲學研究》描寫的多是這些現象產生的原因。所以說，這兩部分所反映的是一種原因和結果的關係。

在反映了生活這種因果關係之後，他就要進行《分析研究》的創作。

這一部分他計劃寫 5 部作品，但出版的只有一部，就是 1828 年所寫的、引起了轟動效應的《結婚生理學》。他所以要寫這一部分，是因為在說明了一些社會現象的原因和結果之後，當這一

創作了歷史巨著

頁一頁的社會歷史、當這些深藏於人們心底的故事寫完之後，這座大廈的基礎就奠定下來了。

在寫這些故事和歷史的時候，巴爾札克的原則是不去描寫幻想的插曲，而是要描寫現實中所發生的真實事情。

在《風俗研究》中，他要把個人描寫成典型，而在《哲學研究》中，他將要「把典型描寫成個人」。但無論把個人描寫成典型還是把典型描寫成個人，他都以生活為藍本。他所要描繪的「永遠是生活」。這一部分他預計寫 15 冊。

在《分析研究》裡，巴爾札克要表現更多的主觀的東西。所以這本書很有可能就是指作者對以上兩種研究進行的分析。他不準備再敘述故事，而是要「描寫、批判和分析人的本身、社會和人類」。

在 1835 年，巴爾札克的中篇小說《改邪歸正的梅莫特》發表。這是一篇別出心裁、耐人尋味的小說。小說透過魔鬼梅莫特被迫「改邪歸正」的故事說明物慾的追求勢必導致精神的空虛和痛苦；權力和財富的無限擁有反使人感到人生的虛無；享盡歡樂等於毫無歡樂；占有一切，則一切就沒有意義；飲食過度必然使味覺麻木；美女唾手可得反讓人興味索然。

這篇哲理小說是巴爾札克對金錢萬能說的批評和他對人生的思考。

而在這一年《高老頭》出版。這部長篇小說被公認是《人間喜劇》的序幕和代表作。這意味著《人間喜劇》創作已正式啟動。

《歐也妮‧葛朗臺》的誕生標誌著巴爾札克的創作邁向了一個新的臺階，巴爾札克由此感到歡欣鼓舞是可以理解的。

　　不過，巴爾札克並沒有就此滿足。他很快發現這部小說尚有一些不盡如人意和亟待改進之處：一是格局還顯小，還侷限在一個小家庭內盤旋；二是人物性格定型化，沒有發展；三是語言誇張，未脫盡臉譜化、浪漫化的痕跡。

　　比如，對老葛朗臺的吝嗇和絕情性格的刻畫雖然痛快、淋漓盡致，但畢竟有些過頭。百尺竿頭，更進一步，巴爾札克寄希望於下一部作品。這部作品不是別的，就是長篇小說《高老頭》。

　　《高老頭》的故事發生在 1820 年前後。22 歲的歐也綱‧德‧拉斯蒂涅，是一位從安古蘭末鄉下來巴黎讀法律的青年。像無數從外省湧入巴黎的青年一樣，他滿懷著有朝一日能出人頭地的夢想。

　　拉斯蒂涅住在兼包客飯的伏蓋公寓，伏蓋太太是公寓的主人。在這所膳宿費低廉的四層公寓裡，住著形形色色的各類人物。包括共和政府時代軍需官夫人古的太太、少女維多莉‧泰伊番小姐、老姑娘米旭諾小姐、波阿萊先生、醫科大學生皮安訓，以及另兩個引人注目的人物，40 歲上下、戴假髮、鬢角染黑的伏脫冷先生和高老頭。

　　高老頭是飯桌上的受氣包，房客們都拿他作為取笑的對象。

　　69 歲的高老頭，1813 年，剛來伏蓋公寓的頭一年，膳宿費是 1,200 法郎，還帶有不少銀器和飾物，被尊稱為高里奧先生。

　　那時，伏蓋太太甚至還動過與他結婚的念頭。之前，高老頭

每週總有一兩次在外面吃飯，後來遞減到每月一兩次。此種變化被認為是因他財產慢慢減少所致。

第二年年終，高老頭的膳宿費降到了 900 法郎。間或會有體面、漂亮的年輕女子來找他，使房客們不由猜測，高老頭財產減少的原因是在外尋花問柳。快滿第三年的時候，高老頭每月膳宿費只有 45 法郎了。

拉斯蒂涅拿到文學士和法學士後，返鄉一次。回來時，他帶了封姑母寫給德·鮑賽昂子爵夫人的引薦信。信寄出不久，鮑賽昂夫人便寄來一張舞會請帖。

在鮑賽昂夫人的舞會上，拉斯蒂涅迷上了漂亮的阿娜斯塔齊·德·雷斯托伯爵夫人，並自作多情地以為雷斯托伯爵夫人也喜歡他。

凌晨 2 時，舞會結束回到伏蓋公寓，拉斯蒂涅仍心潮難平，雖點起了泥炭，卻無心用功。此時，忽聞靜夜裡傳來一聲嘆息，拉斯蒂涅推開門，見高老頭房門底下有一絲光線，怕是鄰居病了，拉斯蒂涅湊上鎖孔向裡張望，卻見高老頭正就著桌子，將鍍銀的銀器絞搓成銀條，完事之後，吹滅蠟燭，躺到床上嘆了口氣，忽又叫了聲：「可憐的孩子！」行為頗為可疑。

第二天，拉斯蒂涅穿戴整齊，步行來到雷斯托伯爵夫人府。在門口等候多時之後，進得客廳，竟聽見高老頭和雷斯托伯爵夫人的聲音，還帶了一聲親吻，後又見高老頭離去。

冒失的拉斯蒂涅，當著伯爵夫婦和伯爵夫人情夫瑪克辛的面說：「剛才我看見從這裡出去的一位先生，和我住在一幢公寓

裡，而且是隔壁房間的高里奧……」

此話一出，在場三人的冷面冷語，令拉斯蒂涅意識到闖了禍，於是便趕緊告退。

出了伯爵府，滿腹莫名委屈的拉斯蒂涅，衝動之下，上了輛出租馬車，直奔鮑賽昂府，接著闖了第二場禍。

從鮑賽昂夫人口中，拉斯蒂涅得知德‧雷斯托伯爵夫人是高老頭的女兒，高老頭還有個小女兒叫但斐納，嫁給了銀行家德‧紐沁根男爵。兩個女兒出嫁時，高老頭各給了五六十萬法郎。而現在，她們竟不認高老頭了。

此時，拉斯蒂涅想到那夜高老頭扭絞鍍金盤的情形，不由感到高老頭真偉大。心緒不佳的鮑賽昂夫人在沉默良久之後，又建議拉斯蒂涅去追求高老頭的小女兒紐沁根太太。晚飯時，拉斯蒂涅望著高老頭鄰座的人說：「從今以後誰再欺負高老頭，就是欺負我。他比我們都強。」

吃完飯，拉斯蒂涅給母親和妹妹寫了封要錢的信。想到要利用親人的感情，去達到追求紐沁根太太的目的，他不由得落下幾滴眼淚。

與紐沁根太太勾搭上之後，拉斯蒂涅終日花天酒地，出入賭場。很快，就陷入了經濟上無法維持的窘境。

一天，高老頭和拉斯蒂涅正等來搬行李的車子。德‧紐沁根太太忽然趕來，向高老頭抱怨說紐沁根要搞得她破產了。不多時，德‧雷斯托伯爵夫人也趕來，告訴高老頭雷斯托伯爵要她在出賣財產的契約上簽字，此外，情夫瑪克辛仍欠著 12,000 法郎。

創作了歷史巨著

情急之下，已被女兒榨乾了的高老頭痛苦地叫道：「是的，我沒有辦法，除非去偷。可是我哪會去偷呀，娜齊！哪會去偷呀！」

拉斯蒂涅再回到公寓時，高老頭已病倒了。陪在一邊的皮安訓告訴拉斯蒂涅，高老頭早上又外出亂跑了，他的一個女兒則來過。原來，為參加鮑賽昂夫人的舞會，雷斯托伯爵夫人欠下了裁縫費1,000法郎，高老頭為此賣掉了最後的銀搭扣和餐具，又將終身年金押給了高布賽克。

兩個大學生輪番照顧高老頭，可兩個女兒，一個也沒來。

第二天晚上，拉斯蒂涅勸但斐納停止一切娛樂活動，好生照顧父親，但說不動但斐納，末了，還是陪她去了鮑賽昂夫人的盛大舞會。

德·阿翟達侯爵就要與洛希斐特小姐締結婚約了。無數上流社會的人都專程來看鮑賽昂夫人的笑話。

舞會上，鮑賽昂夫人對拉斯蒂涅說：「我永遠不再見巴黎人，不再見人了。」

清晨5時，拉斯蒂涅目送鮑賽昂夫人登車，前往鄉下隱居。

拉斯蒂涅再回到公寓時，高老頭已奄奄一息了。女兒仍一個未到。

垂死的高老頭寒心地說道：「哎！倘若我有錢，倘若我留有傢俬，她們就會來了，會用她們的親吻來舔我的臉！錢能買到一切，買到女兒。啊！我的錢到哪兒去了？倘若我還有財產留下，她們會來伺候我，招呼我：我可以聽到她們，看到她們。做父親

的應該永遠有錢，應該拉緊女兒的韁繩，像對付狡獪的馬一樣。我把一輩子的生命給了她們，她們今天連一小時都不給我！」

高老頭死後，拉斯蒂涅去德·雷斯托伯爵府和德·紐沁根府間通報，卻吃了閉門羹。得到的是門房一句：「先生和太太謝絕賓客，他們的父親死了，悲痛得不得了。」

拉斯蒂涅和皮安訓傾其所有，安葬了高老頭。德·雷斯托伯爵和德·紐沁根兩家只派出了帶有爵徽的空車。

拉斯蒂涅一人站在公墓的高處，遠眺巴黎。王杜姆廣場和安伐裡特宮的穹窿之間，那便是他不勝嚮往的上流社會的區域。他氣概非凡地說了一句：「現在咱們來拚一拚吧！」

然後，拉斯蒂涅為了向社會挑戰，到德·紐沁根太太家吃飯去了。

《高老頭》與《歐也妮·葛朗臺》都是寫愛的淪喪或者說愛的失落。歐也妮和高老頭，這一少一老都有錢或曾經有錢，卻都未得到愛。

歐也妮父親在世時，他只愛錢而不愛她。表弟查理當年曾與她海誓山盟，可海外發財歸來，只想到財產和地位。他誤以為伯父的吝嗇出自寒酸貧窮，硬是毀了與她的婚約，另覓富家小姐為妻。蓬風先生死乞白賴地向她求婚，那不過是要獨吞她的財產。

高老頭就更慘了。他痴心地以錢換愛，以為只要傾其所有給女兒，就一定會換得女兒的愛。誰知，女兒是認錢不認父，見錢棄愛。

最後，高老頭落得個貧病交加，形銷骨立，慘死在旅館這一

創作了歷史巨著

悲慘的下場，而其時女兒們卻花枝招展、興高采烈地赴鮑賽昂夫人的告別舞會去了。

在表現愛的淪喪這一主題上，《高老頭》顯得更為充分、更為深刻。尋求愛而終不可得者不僅是高老頭一人，顯赫美麗如鮑賽昂夫人也敵不過長得像胖娃娃一樣但卻擁有豐富嫁妝的洛希斐特小姐，到頭來被阿翟達侯爵拋棄。

鮑賽昂夫人的女友朗日公爵夫人也遭到同樣的下場。泰伊番小姐雖是百萬富翁之女，卻被趕出家門，淪落社會，而其原因則是父親財產太多，父兄要剝奪她的繼承權。

金錢的魔力導致了愛的淪落，而愛的淪落再引起對金錢的瘋狂追求。整個社會成了一個激烈爭鬥的蜂房。為了錢，人們使出渾身解數。

苦役犯伏脫冷，是一名兇殘的掠奪者。他對社會一眼見底，主張強攻硬取。在生活中得像「在戰場上一樣，為了不被人殺而不得不殺人，為了不受騙而不得不騙人，把良心通通丟開，戴上假面具，冷酷無情地玩弄人，神不知鬼不覺地去獵取財富」。他說到做到，果然身體力行，將泰伊番的獨生子殺掉了。

拉斯蒂涅則鍾情於輕取巧奪的策略，在女人身上下工夫，終於按照表姐鮑賽昂夫人的密示，將紐沁根太太、高老頭的小女兒但斐納勾引到手。

小說末尾，他給高老頭送葬，在聆聽和目睹了高老頭的「教訓」之後，「為了向社會挑戰」，他心安理得而又「氣概非凡」地到「德·紐沁根太太家吃飯去了」。

《高老頭》先是在《巴黎雜誌》上連載，後於 1835 年 3 月出

單行本，很快便銷售一空。

碩果累累的作品

1836 年，巴爾札克發表中篇小說《禁治產》。這部小說故事類似《夏倍上校》。在情節上則是《高老頭》的續篇。

在小說中，德·埃斯巴侯爵夫人狀告丈夫德·埃斯巴侯爵神經錯亂已無力持家，需給以「禁治產」，即由他人監護其財產的處分，其實她是要獨霸家產，不讓誠實的丈夫交出本該交出的不義之財。小說對這位妖婦的惡行敗德作了淋漓盡致的描寫。與這個埃斯巴侯爵夫人鬼混的就是《高老頭》的主角拉斯蒂涅。

此時，拉斯蒂涅已搖身一變成為一個自私狡猾、老謀深算的青年貴族，他對老情婦紐沁根太太已經冷淡，以心狠手辣、工於心計的埃斯巴侯爵夫人取而代之，因為在他心目中，埃斯巴侯爵夫人是一個理想的幫手，「是一個能代你火中取栗而不會連累你的朋友。倘若男人沒有金鑰匙能打開所有的門，這種太太便是能劃破玻璃的金剛鑽，替你把所有的門窗打開來」。有埃斯巴侯爵夫人相幫，當個公安部長，易如反掌。

這 —— 年，《幽谷百合》出單行本。小說採用第一人稱寫法，內容是寫主角，年輕的費利克斯與一個比他年長得多的伯爵夫人戀愛的故事。巴爾札克在這本小說的自序中稱：這部小說是他「採用『我』的形式寫成的最重要的作品」。

這是他繼《驢皮記》、《路易·朗倍爾》之後的一部帶有自傳色彩的小說。這部小說是巴爾札克對重病垂危的柏爾尼夫人的

紀念，也是對盧梭的批評，因為他認為盧梭不該對培育和幫助過他的華倫夫人表示不滿。

他在序中寫道：

> 本書作者對於《懺悔錄》的作者讚賞備至，對此人的為人則厭惡至極。這位讓・雅克，那樣為自己的情感而感到驕傲，又那樣善於為自己辯護，怎能竟然斗膽擬出對華倫夫人的判決呢？即使你把大地上所有的王冠都戴在他頭上，天使也要永遠詛咒這個詞藻華麗的作家，他竟然能夠將對一位集母親的心、情婦的魂、美妙初戀的思於一身的女子宰殺，作為祭品獻到訊息女神的祭壇上！

巴爾札克對盧梭的批評有些偏激。盧梭晚年在其自傳體小說《一個孤獨的散步者的遐想》再次對華倫夫人給他的愛助表示了深切的感激之情，認為沒有華倫夫人，就沒有他的一切。

然而，從巴爾札克對盧梭的批評中可以看出，柏爾尼夫人對巴爾札克一生影響之大和他對柏爾尼夫人的感情之深。1837 年，《幻滅》第一部發表。在初版序言中巴爾札克指出這本小說意圖是，表現人的異化，並且揭示新聞界不為外人知悉的風習。

他強調，他雖不知道何時能夠完成他這幅油畫，但是他一定會完成，表明《幻滅》是他精心創作的重點作品。

《幻滅》是巴爾札克慘淡經營、殫精竭慮的力作。與以前作品相比，它無論在內容的充實、批判的力度、思想的深度，還是在藝術表達上均有明顯的推進和提高。

小說以外省青年詩人呂西安為中心人物，描寫他從鄉鎮到巴黎，從默默無聞到顯赫一時再到聲名狼藉的遭遇，揭露了 19 世

碩果累累的作品

紀上半葉法國文化藝術界的醜惡內幕和黨派傾軋，塑造了記者、演員、商人、貴族等形形色色的人物，內容之豐富，視野之開闊，非其他作品可以相比。

對此，巴爾札克不無自得地寫道：

> 本書的主題與本身一樣廣闊。勒薩日筆下的杜卡萊，莫里哀筆下的菲蘭特和答爾丟夫，博馬舍筆下的費加羅以及古老戲劇中司班卡，所有這些典型人物在這部書中大概都放大到了我們這個時代的規模。
>
> 小說將焦距對準當代上層建築領域特別是新聞界、出版界、戲劇界，尖銳潑辣，痛快淋漓。

當時，法國文化藝術界與新聞、出版等部門的腐敗、黑暗早已成為公開的祕密。但一般作家懾於新聞、出版的囂張氣焰，出於明哲保身的考慮，不敢捅這個馬蜂窩，致使這些黑暗勢力越來越猖狂，越來越肆無忌憚，變成了一個公害，一個行將「吞噬整個國家的癌症」。

對此，巴爾札克深惡痛絕。他越來越感到，正視、揭發這種社會癌症，盡可能地制止其發展蔓延乃是自己不可推卸的天職，於是他怒目相向，拍案而起，寫下了這部小說。

在這部小說的序言中，他寫道，「報界風氣這種廣闊的題材，單寫一本書或一篇序言是遠遠不夠的」，「自己不過是描繪了這種流弊的開端」。

他無求於報界，不想「依賴報界這根沾滿鼠疫病菌的拐杖」。他明確表示，自己不怕報復並準備為此不惜付出「高昂的代價」。這部小說的創作體現了巴爾札克的浩然正氣，顯示了他

的崇高的人格。

《幻滅》作為巴爾札克的代表作，作為他一生創作的最高成就是與對人的研究和對人的發現分不開的。

巴爾札克從投身創作的第一天開始，就始終重視對人生的哲理探討。早在 1831 年，他就在《驢皮記》中透過主角拉法埃爾走向墮落的過程闡發了「追求私慾等於自殺」這一深刻的哲理。

《幻滅》中，呂西安走向墮落的過程則是拉法埃爾寓言故事的現實寫照。在這部小說中，巴爾札克具體而細微地描寫了呂西安這樣一個頗有才華、素質和人品原本不算壞的年輕詩人怎麼一步一步在環境的熏染下無可挽救地沉淪下去，從而揭示了當代社會如何「把人異化得那樣厲害，以致在任何地方人都不像人了」這一深刻的真理。

《幻滅》是一部表現巴爾札克本人的思想感情和直接生活體驗方面的作品，所以寫得極其生動、深刻，發人深思。書中的幾個主要人物，他們的不同遭際大多取自於巴爾札克本人的經歷，其激情、理想、奢望、苦難、榮辱他都體味過。大衛·賽夏反映了他經營印刷廠、鉛字鑄造廠和債務纏身的經歷，德·阿泰茲的形象，反映了他從生活和創作中得出的信念、主張，而呂西安的形象，則反映了他在文壇和新聞出版界的沉浮。

巴爾札克借呂西安的言語、行動，大膽地揭露了新聞界的內幕，他一樁樁一件件地列舉新聞界那些見不得人的勾當，撕開他們的面紗，讓人們清楚地看到拿靈魂做交易的人的真面目。在巴爾札克看來，新聞界既是現代社會惡劣風氣的集中而露骨的表現，也是進一步毒化社會的痼疾。他在《幻滅》第二部初版序言

碩果累累的作品

中說，正是這股惡勢力，「扼殺了大量的青春和才能」，把無數呂西安式的青年引向毀滅的深淵。

《幻滅》寫完之後，巴爾札克長長地吁了一口氣，他發現，他已能隨心所欲地深入到社會組織的核心中去，對構成社會整體的互相交織的成分的理解越來越具有預見性，一部部具有濃郁的現實主義氣息的作品在他筆下流瀉出來。

在 40 歲剛剛出頭的年齡，巴爾札克已創作了大量作品，創造了 2,000 個生活在現實世界中的典型人物，其中許多成了永恆的典型，流傳不朽。

1838 年，巴爾札克出版了兩部長篇小說《賽查·皮羅多盛衰記》和《紐沁根銀行》。這是繼《高布賽克》、《歐也妮·葛朗臺》之後，在成功地塑造了高利貸資本家、投機倒把資本家之後，為第三代資本家即金融資本家「樹碑立傳」。

這兩部小說在具體情節上雖沒有聯繫，但同出一個時代，同寫一個主題，許多人物交相出現。

《高布塞克》寫的主角高布塞克是一個一毛不拔的守財奴，他以放高利貸起家，愛財如命。他愛財，更欣賞自己的生財之道，為自己的這點「藝術」而大為得意。

不過，這個人多少還講一點義氣，在他臨死的時候還留下了遺言，把一個已經去世的人托他保管的一筆財產交還給了那位委託人的兒子，而這筆錢是連單據都被燒燬了的。

在高布賽克以後，巴爾札克又塑造了一系列資產者的形象。高布賽克是早期資產者的典型，除放高利貸是他斂財的主要手段，他顯然還不懂得商品流通和資金周轉的重要。

葛朗臺、紐沁根等人物比他還要精明能幹，隨著這些人物登上《人間喜劇》的舞台，巴爾札克對於資產者的刻畫和塑造，無論在深度上還是在廣度上都有了更進一步的開拓。

　　不過，作為資產者的祖師爺和哲學家，高布賽克的地位是不可取代的。巴爾札克對他情有獨鍾，繼 1830 年《高布賽克》初次發表以後，1835 年又特地出了個修訂本。

　　在對這一形象的理解中滲透著巴爾札克對資本主義社會的深刻批判。可以說，正是在這一形象的塑造中，巴爾札克找到了一把打開資本主義社會的鑰匙。

　　《賽查・皮羅多盛衰記》是作者為中小資產階級立言，描寫商界中以中小資產階級為一方、以金融資產階級為另一方的矛盾衝突，並以前者的誠實和失敗，後者的狡猾和成功為結局，真實反映了金融資產階級統治世界和商品經濟急遽發展的時代特點。

　　而《紐沁根銀行》則是以紐沁根的發跡為中心，集中描寫了資產階級狼狽為奸，陷千家萬戶於滅頂之災的醜惡內幕。

　　在《賽查・皮羅多盛衰記》的初版序言中，巴爾札克這樣寫道：

> 本書是講在各處社交圈子裡滾動的一枚徽章的正面，反面是《紐沁根銀行》。讀《賽查・皮羅多盛衰記》的人，如果想了解整個作品，一定要去讀《紐沁根銀行》，任何喜劇作品必有兩面。作家這個偉大的訴訟報導員，應該讓對手面對面。

　　在同年出版的《巴爾札克兩卷集》的序言中，他再次強調要如實地描寫社會，認為自己首先是一個當代史家。

碩果累累的作品

在 1839 年，《幻滅》第三部，即《外省大人物在巴黎》出版。巴爾札克在序言中指出，《幻滅》尚未寫完，它將是《風俗研究》中一個最後的場景。

同時，長篇小說《古物陳列室》出版。

小說寫外省貴族、保王黨領袖德·埃斯格里尼翁侯爵為維護貴族傳統和純潔的血統與自由黨頭子、資產階級暴發戶克魯瓦謝對抗並最終敗北的故事。

小說透過侯爵的敗家子德·維克蒂尼安的腐化墮落和不得不向資產階級繳械投降，娶克魯瓦謝的女兒、萬貫家財的女繼承人杜瓦爾小姐為妻，說明貴族階級之沒落是不可避免的。

小說中借一個生活在國王身邊的貴夫人之口喊出：「貴族階級現在已經不存在了，只剩下了一點殘餘，拿破崙已經消滅了貴族的稱號，正如大砲已經摧毀了封建社會一樣！」

這部小說與《幻滅》一起標誌著巴爾札克的創作從「小家庭」進入到「大社會」，從而進入一個新的階段。在 1840 年，巴爾札克發表中篇小說《比哀蘭德》、短篇小說《浪蕩王孫》、長篇小說《兩個新嫁娘的回憶》。在這一年裡，巴爾札克向某出版商寫信，首次正式披露《人間喜劇》的計劃。

第二年，巴爾札克發表了長篇小說《攪水女人》，這部以遺產之爭為主要情節的小說，算得上《人間喜劇》中最驚心動魄的場景之一。

爭鬥的雙方，一方是當地「逍遙騎士」── 一幫游手好閒的無賴的首領瑪克斯吉萊；另一方是極有心計的兵痞菲利浦·勃

理杜。前者是牢牢控制著財主魯杰的攪水女人的情人，後者是魯杰的親外甥。

兩個都曾是拿破崙舊部中身手不凡的軍官，領兵打仗的能手，兩個惡魔將作戰的勇敢和智謀用來爭奪一筆可觀的家產，這場較量不用說要多激烈有多激烈……

這是巴爾札克以現代眼光研究的態度下寫的小說。再以本書在「人間喜劇」這個總體中所占的地位而論，以巴爾札克在近代文學史創造的人物而論，公認的典型，可以與高老頭、葛朗臺、貝姨、邦斯、皮羅多、伏脫冷、於洛、杜・蒂埃等並列而並傳的，既非攪水女人，也非膿包羅日，而是壞蛋菲利浦・勃理杜。菲利浦已是巴爾札克筆下出名的「人妖」之一，至今提到他的名字還是令人驚心動魄的。

同年，發表長篇小說《一樁無頭公案》。這是一部宏偉的政治小說，內容揭露 19 世紀初法國政治生活的陰謀事件。

在這部小說的序言中，巴爾札克從作家如何如實反映歷史真實這一當時有爭議的問題談起對「典型」的概念作了精闢、深刻的表述，這是 12 年來巴爾札克從事《人間喜劇》創作的經驗之談，是他，也是西方現實主義理論的輝煌成果。

至此，現實主義的典型理論終於確立了。

1832 ── 1841 年，巴爾札克創作小說 49 部，占《人間喜劇》全部作品的 60%。

在這 10 年，平均每年出 5 部作品之多。這期間的創作不僅數量多，而且呈現出持續遞進、不斷攀登的趨勢，一部與一部不

碩果累累的作品

一樣，一步一個腳印，與此同時，巴爾札克的現實主義創作理論也在日漸發展並終於奠定確立。

透過這些年的寫作，這些作品的成型，《人間喜劇》的基本框架也逐漸形成。

1842 —— 1848 年，巴爾札克依舊每日在疲於寫作中。長篇《煙花女榮枯記》既展現了上層社會燈紅酒綠、紙醉金迷的糜爛生活，又細緻地描繪了下層社會和監獄的情景。這一階段巴爾札克更加關心當代生活，七月王朝的現實成為他寫作的主要對象。

除了《人間喜劇》以外，巴爾札克還寫過 6 部劇本和一部《笑林》。為了兌現自己許下的諾言，巴爾札克又馬不停蹄地投入到新的戰鬥。從這時起的 8 年多的時間內，巴爾札克共寫了十多部小說，其中大部分為長篇小說，最著名之作有：《幻滅》第三部、《貝姨》、《邦斯舅舅》。

《幻滅》無疑是這一時期的代表作。它既有對社會現實的宏觀描寫，又有對典型人物形象的微觀解剖。《幻滅》的中心內容，講的是兩個有才能、有抱負的青年理想破滅的故事。

主角呂西安是一位詩人，在外省頗有些名氣。他帶著滿腦子幻想來到巴黎，結果在巴黎新聞界惡劣風氣的影響下，離開了嚴肅的創作道路，變成無恥的報痞文氓，最後在黨派傾軋、文壇鬥爭中身敗名裂。他的妹夫大衛·賽夏是個埋頭苦幹的發明家，因為敵不過同行的陰險算計，被迫放棄發明專利，從此棄絕了科學研究的理想。

作者將這兩個青年的遭遇與整整一代青年的精神狀態，與整

個社會生活，特別是巴黎生活的影響緊緊聯繫在一起，使之具有了普遍意義。在巴爾札克筆下，19 世紀的巴黎好比希臘神話中的塞王女仙，不斷地吸引著和毀滅著外省的青年。是《人間喜劇》中最吸引人的風景線。

《貝姨》寫出了七月王朝時期資產階級的荒淫無度、道德墮落。於洛男爵是淫慾的化身，這個早年立過軍功的資產階級英雄人物，如今變得像公豬那樣可鄙。

暴發戶克勒維爾則是表面上高唱倫理道德，暗地裡男盜女娼的流氓惡棍，這類人物是拿破崙第三上臺的政治打手。

《貝姨》發表於 1846 年，它是巴爾札克晚年的傑作。小說的主角貝姨，是一個生在鄉下的女孩，帶著一身的鄉土氣息。由於美麗善良又得到高貴的堂姐的關切來到了法國巴黎城裡，性格倔強的貝姨一方面滿懷著對堂姐的妒忌，一方面又好勝地忘我勤奮學習，成立了屬於自己的家庭。

然而時代社會的動盪萬變和本性的頑固不得不讓她又一次淪落成工人，接下來的故事並不會就此平淡度過，貝姨沒有放棄和屈服於現狀，為著自己的目標繼續活著，堅強地拚搏，最終她得到了滿足 —— 有了一份自己的事業。

貝姨是巴爾札克筆下相當特殊的一個形象。小說以其命名，可見作家對她的重視。她為某種情慾所左右，但色調構成卻十分複雜。集「醜」與「惡」於一身，是這個人物給讀者的第一印象。作家為她勾畫了一幅令人生厭、令人生畏的畫像，又賦予她同樣令人生厭、令人生畏的嫉妒心。

碩果累累的作品

這種彷彿與生俱來的怪癖心理，侵擾著她自己的靈魂，也破壞著別人的幸福；在與瓦萊麗的淫蕩結合後，更形成為一種巨大的、甚至能「毀滅整個城市」的邪惡力量。但是，貝姨的形象又遠非「惡」的化身。

這部小說所反映的時代從 1799 年到 1845 年 12 月底，歷時半個世紀，其歷史跨度之長創《人間喜劇》小說之最。

這部小說裡人物眾多，它不是以一個主角為主，點綴一些次要人物，而是同時寫幾個家庭、幾組人物，用網狀的、多元的結構代替了過去的傳記體形式和單一中心結構。《貝姨》容量之大幾乎超出了過去所有的作品。

《邦斯舅舅》描寫了兩個音樂家的悲慘遭遇。《邦斯舅舅》發表於 1847 年，它是《貝姨》的續篇。小說講的是：邦斯舅舅是音樂家，一個誠實而高尚的自食其力的人。他非常喜歡繪畫藝術，為了豐富自己所收藏的名畫，他不惜付出一切精力，挖空一切心思。當人們不知道他家中有這些寶藏時，誰也不把他放在心上。當獲悉這些名畫的價值時，為了奪取孤獨老人邦斯的遺產，以卡繆佐為首的一些上流社會的人們便千方百計，使盡種種手段謀取他的財富。

刻畫人性的貪婪和卑劣、物慾橫流、道德淪喪，是《貝姨》和《邦斯舅舅》的主題。在表現人的異化和人性之惡上，這兩部小說居《人間喜劇》之冠。

而就在這一時期，巴爾札克對創作的艱苦有切身的感受，正如《貝姨》中的一段話：

勞心的工作，在智慧的領域內追奔逐鹿，是人類最大努力之
一……藝術家不能因創作生活的磨難而灰心，還得把這些磨難製
成生動的傑作。工作是一場累人的戰鬥，使精壯結實的身體一則
以喜一則以懼，往往為之筋疲力盡。

如果藝術家不是沒頭沒腦地埋在他的工作裡，像羅馬傳說中的居
爾丟斯沖入火山的裂口，像士兵不假思索地衝入堡壘；如果藝術
家在火山口內不像地層崩陷而被埋的礦工一般工作，那麼，作品
就無法完成，藝術家唯有眼看自己的天才夭折。

事實上，這正是他的艱苦之談。

這兩部作品的創作標誌著巴爾札克對資本主義的文明和人性
的本質有了更深的認識，昔日的浪漫主義和廉價的樂觀主義讓位
於現代悲劇主義。與此相適宜，在敘述方法、藝術手法上，這兩
部作品較過去也有明顯的不同，態度更冷峻、更客觀，筆觸則更
細膩、更真切了。對於巴爾札克晚年的這兩部作品，奧地利作家
茨威格在其《巴爾札克傳》中曾評論道：

> 從他《窮親戚》的原始設想中產生出來的《邦斯舅舅》和《貝
> 姨》這兩部小說，是他最卓越的成就。他在盛年之期達到了他的
> 藝術高峰。他的見識從來沒有過這樣的洞若觀火，技術從來沒有
> 這樣的遊刃有餘，議論從來沒有這樣的鐵面無情。

在這裡根本看不到曾經損害過他若干早期作品的那種虛假的
理想主義和令人厭惡的感傷主義。它們反映了實際經歷的辛痠痛
苦和對於世界的真知灼見。他的眼睛已經擦亮，不再圖表面的成
功和賣弄生活的闊綽了。

碩果累累的作品

　　當巴爾札克屹立於他的時代的上面，創造出絕對的社會準則，根本不想去迎合他的同時代人的趣味的時候，他就達到了他最偉大的地步。

　　《邦斯舅舅》和《貝姨》的背景都放在 19 世紀上半期的巴黎，這實質上是無關緊要的。它可以轉移到現在的法國、英國、德國或美國，轉移到任何時代的任何國家，因為巴爾札克在這裡所關心的是一些基本的感情。

　　這兩部晚期小說以激動人心的感情強度使那些早期作品中的伏脫冷的形象，在對比之下顯得幾乎是情節劇似的誇張不實了。它們的現實主義，感情的真實和對原始情慾的分析，在法國文學中是無出其右的了。這是對巴爾札克藝術的一次宏偉的告別式。

完成《人間喜劇》

　　當然，巴爾札克也不是所有的年月都這麼疲於工作，這是任何一個人也忍受不了的。

　　在一段工作結束之後，巴爾札克也出去訪友旅行，享受輕閒的生活。不過，即便在這些時候，他的輕閒仍是有限的。

　　旅行時，他仍想著他的寫作，訪友時，他常常不得不因工作而推遲他的時間。即使對他熱戀中的情人，他也不得不常常通知她們，在17時之前不可能見到他。對於他，工作是重於戀愛的。《人間喜劇》比真實的世界更為重要。

　　除了寫作之外，巴爾札克還有很多很多的雜務，他必須與出版商討價還價，有些東西他需要親自採購。他還興辦過很多事業，幫人家打過官司，寫過訟狀。他還幫助德·帕爾尼夫人管理過財產，幫德·韓斯卡夫人清理過財政。他所從事的創作之外的事情，也可以與他的創作等身。

　　在這樣一番不顧死活的勞頓過後，一本書寫完了，巴爾札克開始享受一下生活了。在長期的離群索居，連自己的聲音都聽不見的孤獨裡，在艱苦的禁錮中，他一旦回到人世，就也像他工作時的兇猛一樣去享受人世的快樂。

　　他會用無所顧忌的高談闊論，來補償那日日夜夜的不得言語的憋悶，他會放開胃口來補償那工作時間的食物匱乏，他會用無所顧忌地花錢來償還那終日困居的冷清，他會以催馬疾馳的旅行來彌補那幽居的孤苦。

完成《人間喜劇》

　　總之，在工作完成之後，他會想出各種辦法來補償那身體和心靈所受到的損乏，從而換回開始新工作的體力和心境。

　　這樣不顧死活的工作，練就了他嫻熟的筆力、深刻的思想、尖銳的眼光。他的成功已使他不再是一個對自己的能力抱懷疑態度的小青年了。他已感到了自己的力量，他完全可以用筆征服全世界，正如拿破崙曾想用劍去征服的那樣。

　　他知道，如果僅僅是為了賺錢的話，他可以寫出更多的讓婦女們流淚、供沙龍閒談的作品。但是，他除了認識到自己的力量之外，同時還認識到了自己的使命。他不能夠只博取婦女們的一笑一淚，不能只寫一些供闊人們茶餘飯後談資的通俗作品。

　　他有一個更崇高的創作目的，那就是要寫出人間的種種世相醜態，並且把它昇華為一種哲理。確定了這個目的，他就甘冒失去讀者的危險，雖然失去讀者意味著就是失去收益。

　　與此同時，透過繁重辛勤的寫作，巴爾札克的多種風格也正在形成。他能夠在校對哲學小說的稿樣時，寫作一篇《滑稽的故事》。他能寫出嬉笑輕鬆的《笑林》，也能寫出深具哲學意味的《路易‧朗貝爾》。

　　這種現象說明他為達到上述目的而實驗著、培養著自己的能力。當他從實際的創作生活中磨出了才能之後，他知道，創作出一部 19 世紀生活的百科全書的能力具備了。

　　他自覺地認為，一個像他這樣的小說家，應該是去解決人類的一些重要問題的，那些社會的、哲學的、生活的、宗教的等，應該用一種崇高的藝術形式去提高小說的水平。

這一認識，這一自覺使命，正是在他與德‧卡斯特裡侯爵夫人的戀愛失敗後建立的。所以，可以說，他的個人生活不幸，往往是他創作成功的一種前提。

　　在《鄉下醫生》和《西拉飛達》未能取得預想的結果之後，巴爾札克創作了《無名的傑作》，這真是一部不朽的傑作。

　　這時，巴爾札克已經在哲學小說方面顯示出了驚人的淵博知識、發達與靈活的頭腦。但是，哲學小說以及宗教小說都不是他的拿手戲。他善於敘述故事，善於思考生活，更善於觀察生活。

　　在各種創作方法都經歷、嘗試過之後，巴爾札克深刻意識到寫實主義的意義。靠著它，他寫出了一系列堪稱優秀的作品。其中第一個成功的就是《夏倍上校》。第二個成功的就是人所共知而且百讀不厭的《歐也妮‧葛朗臺》。

　　他運用現實主義的一大法則，創造典型環境中的典型人物，創造了可作為吝嗇人物代表的葛朗臺老頭。

　　那些人物是只要閉上眼睛就能將他們在自己的意識中呼喚而出的，歐也妮的單純、素樸和虔敬；老葛朗臺的貪婪、慳吝；老女傭的忠實和醜陋。而這一成就的取得，全在於現實主義創作方法的運用。

　　這一方法的基礎，正是對生活的深入了解，直至理解。而這就離不開對生活的觀察。所以，有人評說巴爾札克的小說，是在一個敘述家和思想家之間，站立著一位生活的觀察家。

　　他認為，創造需要的是正當的觀察、集中、緊湊、吸取最大的成分，揭發感情，暴露最強的人的弱點。由此他發現了一個絕

完成《人間喜劇》

大的祕密，生活是寫作的源泉，是一座無窮無盡的礦山。

由於觀察，生活中的每一個人幾乎都成了《人間喜劇》中的一個角色。這就是巴爾札克的決勝點。掌握了這個訣竅，巴爾札克獲得了夠他下半輩子忙不完的工作藍圖。他認為，不應該只把每一部書孤立單獨地寫出，只寫出一些「個人生活的圖像」是不夠的，它們應該聯繫在一起。

1834 年 10 月，巴爾札克已設想了一個大致的輪廓：

「到 1838 年，巨大工作中的三個部分要完成到這種程度，使人至少認識到這結構的計畫，而對概念的全貌有所判斷。在《風俗研究》中，社會情況的一切反響都要描述。

我打算描繪生活中每一情景，每一姿容，每一種男女性格，每一種生活方式，每一種職業，社會的每一階層，法蘭西的每一省分，生活的童年、盛年和暮景，政治、法律和戰爭不得疏漏一項。這一點做到了，人類心靈的故事一縷一縷地被揭出，社會歷史的各個分支也展開了，這之後，基礎才算奠定。我並不希望描寫那些淵源於想像的插曲，我的題材都是各處實際發生的事跡。

然後，就進行第二階段《哲學研究》。效果的描寫之後應繼之以原因的描寫。在《風俗研究》裡，我將說明感情、生活和生活的結果之間的相互作用。在《哲學研究》裡，我將談論感情的來源和生活動力的成因。我將提出一個問題，只要缺了它們，社會和個人的生命就不能延續下去的那些作用力量，那些條件究竟都是什麼？用這個方式討論了社會之後，我將用批判的眼光去看待握它。在《風俗研究》裡，個人將作為類型來描寫，而在《哲學研究》裡，這些類型又將作為個人來描寫。不過，我所描繪的永遠是生活。

最後，繼原因與效果的描述之後，要進行的就是《分析研究》了，其中一部分就是《結婚生理學》，因為在效果和原因之後，我們就應追求原則。風俗提供戲劇，原因表現了幕後和舞台機構，最後就是原則，換句話說，就是戲劇的作者。不過，在比例方面，當整個工作像是以一系列螺旋形向上升高時，它就變得狹窄，變得集中了。

如果《風俗研究》需要 24 冊的話，那麼《哲學研究》我將寫 15 冊，而《分析研究》只需要 9 冊就行了。用這種方式我可以描寫、批判和分析人的本身，社會和人類不必在作品中有所重複，這部作品將成為西方的《天方夜譚》。

當這一切都完成了的時候，當我寫完最後一個字的時候，這時，人們可以認為我或者做對了，或者做錯了。但是，在獲得這個文學成果之後，在完成整個體系的這一描述之後，我將轉向科學方面去寫一篇《人所賴以推動的力量》的論文。並且在這座巨廈的基礎上，作為孩提和幽默的裝飾，我還要畫出那部《笑林百篇》的巨幅蔓藤。」

為了完成他的宏偉計劃，巴爾札克曾預想，即使他不會像著名的黎巴嫩雪松一樣長壽，至少也可以活到 60 歲。他還自信地在心裡加強這種信念：他一定可以活到 60 歲，並且計劃之後的所有時間，他要全部用在文學創作之中。

他像往常那樣，躲進囚室，摒除外界的一切干擾，透支著自己的生命，一部部地寫下去，並完成了一部部第一流的作品。

1841 年 10 月 2 日，巴爾札克同 4 位出版商簽訂了出版他全集的合約。根據合約的內容，出版商有權「在他們認為合適的時刻，刊印兩版或三版巴爾札克的所有已經出版了的著作，或在本

完成《人間喜劇》

合約有效期間可能發表的作品，初版均為 3,000 冊，為 8 開本，約 20 卷，篇幅可多可少，視全集的需要而定」。

巴爾札克拿到了 15,000 法郎的預支稿費，賣出 40,000 冊之後，還將以每冊 50 生丁計算版稅。這樣一來，巴爾札克就有了一項源源不斷的可靠收入，而且其數目還會逐年增加，合約中唯一的限制條款是如果校樣改後重排的費用超過了每頁 5 個法郎，他就得自掏腰包去償付超出的費用，他也欣然接受了。

從這一條款中可以看出出版商的精明，因為巴爾札克經常在校樣上反覆修改，這就增加了印刷成本，經他多次校改後清樣重排的費用最多時竟達 5,200 多法郎。

出版商們不大贊成用《巴爾札克全集》這個書名，認為這個名稱過於普通，不足以引起讀者的注意和購買慾。

他們建議巴爾札克另找一個總標題，這個總標題要能體現他全部作品的風格和特點。實際上這正與巴爾札克不謀而合。

早在 1833 年他的朋友費利克斯・達文為他的《哲理研究》和《風俗研究》代寫那兩篇著名的序言的時候，巴爾札克就認識到，他的計劃是寫出形形色色的眾生相，而每一本書只是他宏偉大廈整體結構的一個層次。

問題在於有必要找到一個總的名稱，表現出作品的整個範圍。他考慮了各種建議，但總是覺得不太妥當。

他一度設想以《社會研究》作為全集的總標題，但不久又放棄。終於有一天，他的朋友，與他談起在義大利讀過《神曲》的原著，巴爾札克由此突然產生了靈感：他的全集就叫《人間喜

劇》，和但丁的《神曲》的原名《神的喜劇》作以對照，這樣巨著《人間喜劇》便誕生了。

按照巴爾札克自己所開的《總目》，《人間喜劇》應有小說137 部，當時已發表或已脫稿的 85 部。

1845 —— 1848 年，也就是巴爾札克生命的最後 3 年中，他又寫出了 6 部。這 6 部，包括《邦斯舅舅》、《貝姨》等。這 6 部作品，沒有列入他 1845 年開列的《總目》內，如果加進去，到他逝世為止，他的《人間喜劇》完成了的一共是 91 部。

《人間喜劇》中成就最高的有《舒昂黨人》、《高布塞克》、《驢皮記》、《路易·朗倍爾》、《夏倍上校》、《鄉村醫生》、《歐也妮·葛朗臺》、《對於絕對的探索》、《高老頭》、《幽谷百合》、《老姑娘》、《塞查·皮羅多興衰記》、《幻滅》、《村裡的神父》、《於許勒·彌魯藹》、《農民》、《貝姨》、《邦斯舅舅》、《老古玩店》等。

人們把《人間喜劇》稱為「社會百科全書」，就是說，它包容了 19 世紀法國社會生活各個方面的各種人物。從它裡面，你可以了解到當時法國社會生活的各種情況，它提供給你關於資本主義社會豐富的生活畫面、人情世態；可以了解到資本主義社會的面貌和本質。

它會告訴人們，資本主義社會是個什麼樣子的社會。恩格斯說，他從《人間喜劇》中獲得的資料「甚至在經濟細節方面所學到的東西，也要比從當時所有職業的歷史學家、經濟學家和統計學家那裡學到的全部東西還要多」。

完成《人間喜劇》

巴爾札克自己也在《人間喜劇》導言中寫道：

法國社會將成為歷史學家，我不過是這位歷史學家的書記而已。
開列惡癖與德行的清單，收集激情的主要事實，描繪各種性格，
選擇社會上的主要事件，結合若干相同的性格上的特點而組成典
型，在這樣做的時候，我也許能夠寫出一部史學家們忘記寫了的
歷史，即風俗史。

《人間喜劇》全書91部，有2,400多個人物。淋漓盡致地揭
露了資產階級貪得無厭、自私自利的剝削本性。是法國文學史
上，甚至也是世界文學史上規模空前宏大、內容空前豐富的現實
主義作品。

為了保證《人間喜劇》在出版時一舉成功，出版商們要求巴
爾札克寫上一篇序言，向讀者說明一下他選擇這個書名的緣由，
這會造成畫龍點睛的作用，否則讀者會認為他言過其實。

但是一開始巴爾札克由於勞累過度，不大願意寫這篇序言。
他建議再版用費利克斯‧達文的原序，認為它足以使讀者明白作
者的創作目的和意圖了。

之後，他又提議去請喬治‧桑寫一篇出版商堅持要寫的新的序
言。然而到最後，他還是被出版商的一封機智而又充滿善意的規
勸信給說服了。出版商在信中勸他「不要拋棄他自己的孩子」，還
對怎樣寫這篇序言提出了很有見解的指點，他在信中指出：

儘量把它寫得謙虛和客觀，話要說得非常冷靜。設想您是一個回
首往事的老人，要像您自己筆下的一個人物那樣說話，這樣您就
會寫出人們愛不釋手的有價值的東西來了。

所以，去寫吧，我的胖老爹，請寬恕我這麼一個卑微的出版人用這種方式對尊敬的閣下說話。您知道，我這麼做，是出於一片好意。

因此，巴爾札克就安坐在桌前，寫出了《人間喜劇》的那篇洋洋灑灑、光彩奪目的前言。

這篇文章確實寫得既冷靜又客觀，大大超過了人們通常對他所抱的期望。以務實的明智，他認識到赫哲爾的忠告是合情合理的。而且在主題的崇高、廣博、宏偉與人們建議他採取的個人謙卑之間，他找到了兩全其美之道。

巴爾札克曾向韓斯卡夫人承認，他花在這長達 16 頁的一篇前言上的力氣比耗費在整整一部小說上的力氣還要多。或許這真的不是誇大其詞。在這一長篇前言中，他試圖闡明自己的創作動機。

如他所說，建造《人間喜劇》這座大廈的念頭，最初是在他研究著夫華・聖伊萊爾和布封的時候產生的，「來自人類和動物界之間進行的一番比較」。

在這篇前言中，巴爾札克說正如各種獸類都在各種不同的自然環境中發展為特殊生物一樣，人類也必然在社會環境的影響下發展起來。如果要寫出一部包括三四千人物的「人心的歷史」的話，那麼，每一種人物、每一個社會階層、每一種社會階層的形式和感情，都應該有一個人物去代表。

很早的時候，巴爾札克就有感於人世間存在著形形色色的人物類型。恰似自然界中不同類別的動物。「士兵、工人、官員、律師、游民、學者、政客、商人、水手、詩人、窮漢、神父彼此

完成《人間喜劇》

大不相同，一如狼、獅、驢、烏鴉、鯊魚、海豹、綿羊等各異其趣。」

人類之間的區別和動物界各種動物之間的區別在性質上是一致的。在巴爾札克看來，要想寫出一部包括三四千個人物的「人類心靈的歷史」，那麼社會的每一階層，它的每一樣式和每一情感，必須至少有一個角色去代表，並且要把個別的人物形象和事物彼此聯繫起來，讓它們能夠「組成一部包羅萬象的歷史，其中每章都是一篇小說，每篇小說都標誌著一個時代」。這樣就會大大超越前人的侷限。

人類的本性千變萬化，即便是世上最負盛名的小說家，如果想取得豐碩的成果，也必須對社會詳加觀察，認真研究。

藝術家的任務就是用他的創造力去聯繫每一個人和他們的故事，來「構成一篇完全的歷史，其中的每一章都是一部小說，每一部小說都代表一個時代」。

他以冷靜客觀的態度說：「法蘭西的社會是真正的歷史學家，我不過是指揮這個歷史學家的筆桿罷了。在記錄社會的善惡，選擇社會的重要事件，結連許多同類的人物而鑄成典型之中，我也居然寫下了許多歷史學家所忘記動筆的一部道德的歷史。」

《人間喜劇》不僅是一部法國社會的歷史，而且是一部被歷史學家們遺忘了的道德的歷史。

巴爾札克還同時發出要求一個更美好的世界的呼聲。他在《人間喜劇》的前言當中寫道：

我的這套作品就很自然地劃分為「私人生活場景」、「外省生活場景」、「巴黎生活場景」、「政治生活場景」、「軍事生活場景」和「鄉村生活場景」。構成社會通史的全部「風俗研究」便可歸納入這 6 個部分之中。

「私人生活場景」表現了童年、少年及其過程；而「外省生活場景」卻表現充滿激情、盤算、利慾及野心的歲月；其後，「巴黎生活場景」展現出癖好、惡習和各種放縱無度的現象，各國大都會獨特的風俗誘發了這一切，至善與至惡便是在那裡交織在一起。這三個部分各有地方色彩：巴黎與外省，這種社會的反襯對比提供著無比豐富的創作源泉。不僅人物，而且生活裡的主要事件也都有典型的表現。

有一些情境人人都經歷過，有一些發展階段十分典型，正好體現了我全力追求的那種準確性。我竭力反映我們美麗國土的四方八域。我這套作品有它的地理，也有它的語系與家族、地點與道具、人物與事實，還有它的爵徽、貴族與市民、工匠與農戶、政界人物與花花公子，還有它的千軍萬馬，總之，是一個完整的社會。

這 3 部分完成了對社會生活的描述之後，就要表現特殊的生活，它凝結著一些人或所有人的利益，可以說是踰越正常的法度的，這樣就產生了「政治生活場景」。

到了這幅廣闊的社會畫卷竣工之時，不是還應該表現一下社會最暴烈的面貌嗎？為了防守或者征討的需要，這時的社會正在野外奔波馳騁。「軍事生活場景」就是由此而來的，這部分的作品目前還是最不完全的。不過，我在這個版本裡已經為它留出位置，以便完稿時將它收入。

完成《人間喜劇》

最後，「鄉村生活場景」可以說是漫長白晝的晚景，如果也可以這樣來稱呼社會戲劇的話。這一部分中有最明淨、純粹的人物性格，也有關於秩序、政治、道德的重大原則的實際運用。

這就是形象雲集、悲喜劇同臺串演的地基，作品的第二部分就是在此基礎上崢嶸突起；其中表現了以什麼社會手段來達到各種的社會效果，並透過對喜怒哀樂的一一描繪，寫盡了思想的波瀾。

第一部《驢皮記》可以說溝通了《風俗研究》與《哲學研究》，那是一篇近乎東方情調的幻想故事，描寫生命本身同欲望，也就是一切激情的本原之間的交鋒。

凌駕其上的就是《分析研究》了，對此我暫不加以評論，因為總共只發表了《婚姻生理學》一部。今後不太長的時間裡，我當發表另外兩本屬於這一類的作品。

準備先發表《社會生活病理學》，其後是《教育界剖析》和《品德專論》。

最後，巴爾札克在結束這篇前言的時候，滿懷激情地表示，這項浩繁的計劃使他「有理由把自己的作品題為《人間喜劇》，這樣做是不自量力呢，還是恰如其分？那就等全部作品完成之日，由讀者諸君去裁定吧」！

按照巴爾札克的計劃，《人間喜劇》要刻畫的是三四千個人物。作品是 140 多部。而不是只寫完了的 2000 來個人物和 91 部作品。

在他 1845 年所開列的書目中，有名而無書的還有 50 多種。其中有一部取名為《孩子們》的小說，還要寫兩部分別表現男女

學生宿舍生活的作品。還有一本準備用來專寫劇院生活的小說。

　　他還準備寫一部揭露外交界、學界、政界和政黨內幕實情的作品。他的「戰爭生活場景」，只寫出了《最後一個舒舒昂黨人》一部，其他如準備寫埃及之戰、阿斯本之戰、瓦格蘭姆之戰、莫斯科之戰、萊比錫之戰、法蘭西本土之戰以及準備描寫囚禁法蘭西俘虜的獄船的作品，都未能完成。

　　此外，他的《社會生活病理學》中所準備寫的一系列作品，也都沒有成功，上帝給他的生命實在是太短促了，他的時間實在是太少了，他的有關債務、有關出版的雜務也實在是太多了。

　　如果沒有這些干擾，他的成果還會輝煌得多。如果沒有這些干擾，他的那些已醞釀成熟的作品，肯定就會以文字，而不是以計劃留存人間了。

大作家抱憾而終

1842 年 1 月 5 日這天早晨，伏案一夜的巴爾札克從僕人手裡接過一沓信件，發現其中有一封印著黑色方框，上面書有他熟悉的字跡。打開一看，原來是韓斯卡夫人的報喪信。

巴爾札克得知韓斯卡先生已於兩月前病故。

巴爾札克立即給未來的新娘發了一封回信。信中在向死者的未亡人致了一段安慰和哀悼的禮貌用語之後，迫不及待地表明了自己的心跡：

> 我頭上只有幾根白髮，除了因我伏案工作而必然引起的「豐腴」之外，由於我注意攝生，我的身體很好。我並不認為自維也納一別以後，我有什麼改變，即便我過著苦修的禁慾生活，但我的心一點兒也不老，以致我人也不老。
>
> 我大約還有 15 年的青春，親愛的，你也是這樣，可是此時此刻，我倒心甘情願拿出我暮年的十載光陰，以換取我們相會之期的早日到來。

為了盡快與韓斯卡夫人締結良緣，這位誠實的現實主義大師竟大撒其謊，他分明是一貫玩命工作，不知珍愛自己，卻吹噓自己攝生有方、保養得法。

不過，他所說的願以自己少活 10 年來換取相會之期的早日到來卻是肺腑之言。巴爾札克已經 43 歲了，卻還沒有自己的家。他成天 18 小時的苦熬，太疲勞，太寂寞了！他等一個妻子等了足足 20 年，他再也等不及了。

誰知，這封熱血沸騰的信換來的竟是一個冷若冰霜的「不」字。

韓斯卡夫人來信告訴巴爾札克，她不願離開自己的女兒，她要將餘生獻給女兒。並明確宣布，從今而後，兩人過去的海誓山盟一筆勾銷，巴爾札克可以自行其是。

因為失望而氣憤至極的巴爾札克早已將韓斯卡夫人的信撕了個粉碎。不過，頑強的巴爾札克是不會就此認輸的。他決心「東山再起」。他要用自己的「財富」即自己的偉大作品向韓斯卡夫人顯示自己的魅力從而再一次征服她。

於是，他鄭重宣布了一個驚人的決定，提前出版他的全部作品《人間喜劇》。

事實上，在幾十年沒日沒夜地工作後，在為人們創造了幾十部小說之後，在應付了生活中各種坎坷之後，巴爾札克的健康早就沒了。

1844 年 4 月，他在給韓斯卡夫人的一封信中寫道：

我現在一倒頭就呼呼大睡。我的體力不聽我意志使喚了。它們需要休息。它們對咖啡已無反應。為了完成《謙遜的密尼永》，我喝咖啡如牛飲，但一無效果，有如喝白開水。我 3 時醒來，旋即又沉沉入睡。8 時用早餐，用後即昏昏欲睡，打起盹兒來。

我已開始了一種患有可怕的神經痛和一種因嗜飲過多咖啡而引起的胃病的階段。我必須完全休息。這是以前從沒有過的，糟透的病痛 3 天來一直折磨著我。

大作家抱憾而終

在 1846 年初，他開始承認了一個現實：「我的腦子不靈活了。」在勉強工作了一段時間之後，他的身體狀況已經使他的醫生受到了震驚。

巴爾札克自己也不得不承認「無論是醫生和他的任何一個醫學的同僚都不承認，一個人的腦筋經得起這樣過度的努力。他告訴我結果要變成有害的，總是用憂愁的氣度重複這句話。他懇求我至少得暫時停止這種『腦力的過度應用』……事實上，我也的確感覺到我身體上有些不對，我聊天的時候必須得設法尋找字眼，而且有的時候得費很大的力氣」。

巴爾札克喝下去的那幾萬杯黑咖啡使他產生了胃病，而且也嚴重地傷害了他的神經系統。他的臉部肌肉一陣陣地抽搐，他的頭腦腫脹、痛疼，眼神經也一陣陣抽搐。

對於一個終生也不願意浪費一點點時間的勞動者來說，病魔對於工作的阻擾是多麼難以接受的痛苦！然而，醫生的預言終於應驗了，不顧死活的工作換來了可怕的後果。他將要喪失工作的能力。

但是，他還有很多的工作等著他去完成。《人間喜劇》的龐大的計劃，還需要他旺盛的精力。稿子寫完以後，還有相當於寫一遍或幾遍稿子的校對工作，這些工作，是作為一個普通人想來就頭疼甚至發慌的。工作是這樣繁重、艱鉅，然而，他現在是病了，無力再像青年時代那樣不分日夜、不要性命地工作了。

他要完成《農民》、《幻滅》第三部，要著手開始寫作《邦斯舅舅》和《貝姨》，還有計劃中的幾十部《人間喜劇》的設想。當然，他還應該有自己的生活。

然而，他卻依舊在努力著，榨取著他生命裡的每一絲精力，「我希望把這一切的籃子都打開，結束了它。我等著要看的美麗的物品，我急於知道我怎樣送到的這些東西，對我的影響未免太大了，特別是我現在被靈感的火焰所困擾而不能夠安睡的和容易激動的情景之下。我希望能夠在星期一脫稿《老音樂家》，如果我都能夠像今天這樣一點半鐘就起來的話，你可以看得出來，我又恢復了我從前的老時間表了」。

　　可以看得出來，這個半百老人這時的心情是多麼快樂。從這些敘述中，你又似乎看不出他是一個病人。

　　在他的身體情況讓醫生們極其擔憂的時候，他用 6 個星期寫完了《貝姨》後，在醫生們斷言「這結果必是一個慘劇」的情況下，就在同一個夏天，他又完成了另一部偉大的作品《邦斯舅舅》。

　　這兩部作品都取材於 19 世紀上半葉的巴黎社會。但它們的意義，絕不僅是對法國生活的描繪，而可以把它們放在同時代的任何一個國家，因為它們都具有相當的普遍性。

　　在這兩部作品中，表現出他從沒有過的對生活和藝術的真知灼見，表現出他藝術手段從未有過的老練，表現出他寫作上從未有過的尖銳。

　　這兩部書中，沒有絲毫虛假的理想主義，沒有了青年時代作品中曾經有過的那種痴情的色調，而深刻地反映了現實生活的苦味，反映了他對於世界知識的真切的感知。

　　他的功力已由外部的華美轉向了內部的堅實。這些小說的現

實主義的高度、深度，描寫的逼真，對人類原始感情的分析是「任何法國文學都沒有超過的」。

這以後，他又創作了鋒爾皮爾和馬爾納夫人的形象、莉勒黛的形象、西保的形象，和一些一心只為了尋錢的狡猾的騙子的形象。

這是他對於藝術的告別之作，這告別發生在他僅僅 50 來歲的盛年時期。

如果巴爾札克能夠多活 10 年，那麼他的那座文學巨廈肯定都能完成了。他的《農民》也許會更加深刻。他的表現軍旅生活的作品將會更加豐富。他還可以完成他計劃中關於政治界、外交界、學術界、戲劇界的一切生活圖像。

然而，他的健康早就被掏空了。也可以說是被他過分地濫用了，得到了早衰的結局。而且，事情還要嚴重得多，他不能繼續工作了，他的健康的破壞程度，已經達到必須完全休息的程度。

但是，他仍然不能休息，也不肯休息。他還欠著《新聞報》編輯基拉爾丁一筆文債。說起文債，巴爾札克也是早已有的，但是他總能夠用各種辦法償還清楚。

他經常是一邊寫作，一邊付印，報紙編輯和出版商們都相信他的工作能力，他絕不會叫他們為難。可是，事到如今，當巴爾札克的健康狀況再也無力寫作的時候，這些出版商和編輯們都不予通融了。

而當時，《新聞報》的編輯，在巴爾札克十分為難的情況下，一定堅持要拿到《農民》的全部稿件後才同意刊用。巴爾札

克真是臨到絕境了，不能夠再一天十多個小時地連續工作，不能在很短的時間內拿出《農民》的全部手稿。

最後，他短缺了這位編輯的一筆小小的稿酬預支，而這位先生竟在法院告了他，說他欠債不還，而法院居然判了巴爾札克敗訴。

巴爾札克每行文稿得 60 生丁的日子已經過去了，他只得靠把他的短篇小說賣給一家名叫《家庭博物院》的雜誌，來換得一口飯吃。

1849 年 10 月，巴爾札克再次來到烏克蘭韓斯卡夫人的莊園維日霍維尼，此行的目的是敦促韓斯卡夫人與他完婚。

因為俄羅斯天氣太冷，他還是提早趕到的，誰知身體大虧了的巴爾札克還是生了病。先是發燒，後是肺炎復發，熱度居高不下。經醫生診斷，巴爾札克已病入膏肓。那些天，巴爾札克只能病懨懨地躺在床上，但是他的心中依舊在構思著他的小說。

按理，婚事當是沒有指望了或至少要束之高閣才是。沒想到，韓斯卡夫人這回竟異常爽快將婚期定了下來。精誠所至，金石為開，韓斯卡夫人終於良心發現，終於被巴爾札克多年來一往情深的表現感動了。

結婚典禮放在 1850 年 3 月，地點是別爾迪切夫市的聖·巴巴拉教堂。出乎意料的佳音使病中的巴爾札克歡呼雀躍。巴爾札克當即十萬火急地給他老母寫了一封信，告訴她趕快裝飾新居，迎接新娘的到來。

在信中巴爾札克還特別關照，各間房子務必要有花：請最好

大作家抱憾而終

的花匠，用最好的花，花桌、花盆、花架、花瓶、花插一定要應有盡有，多多益善。

1850 年 3 月 14 日早晨 7 時，巴爾札克與韓斯卡夫人的婚禮如期舉行。婚禮結束，當天夜裡，即驅車趕回維日霍維尼。3 天後，巴爾札克給他一生中最信任的女友卡羅・珠兒瑪在信中寫道：

> 3 天前我跟我生平唯一所愛的女人結了婚，我現在比任何時候更愛她，我將繼續愛她，直到我的死日。我相信這次結婚是上帝一直替我保存好的一筆賞賜，以作為對於我曾經遭遇到的和克服過的那許多的苦惱和那麼多年的辛苦和艱難的補償。我的童年並不幸福，我的青春並不繁花似錦，但是現在我將享有一個燦爛的夏天和最宜人的秋天。

巴爾札克歸心似箭。一結完婚，他巴不得立即攜妻返回巴黎。無奈大雪封路，根本無法起程。就這樣硬是挨到 4 月中旬才動身。路還是不好走，花了一個月好不容易才趕到德國東南部的城市德累斯頓。

此時，巴爾札克有一種劫後餘生之感，他在一封發自德累斯頓的信中這樣寫道：

> 到達這裡，平常只需 6 天，但我們足足花了一個月。我們的生命不止一次，而是上百次地處於危險之中。我們常常要找十五六個人來幫忙，用絞車把我們的車兒從沒到齊車窗的沼澤潭里拉出來。但是我們終於抵達了。雖然又乏又病，總算沒有喪命。

這樣的一次旅行使人老上 10 年。你可以想像得到那是一種什麼感受，心裡老是擔驚受怕，唯恐我們中間有一個要死在另一

個人的懷裡 —— 特別是像我們這樣地傾心相愛著的時候。

這次旅行嚴重摧殘了巴爾札克的身心，到達德累斯頓，他眼睛半瞎，氣息奄奄，連臺階都上不了。他此時全靠一種精神，靠對未來生活的熱望在支持著。

十多年、甚至幾十年的艱辛的工作和拮据的生活，毀壞了巴爾札克的健康。

在身體機制下降的情況下，他不僅染上了風寒，而且，還經歷了疲憊的旅途。首先，他得了支氣管炎。然後，這可惡的疾病又侵襲了他的心臟。這使他行動困難，幾乎一步一喘，說話都感到力氣不足。用他自己的話說，他變得「像兒童一樣的脆弱」，他不能行動，更不用說寫作了。

即便醫生用了最先進的技術來替他治療，但由於身體各個器官都遭到了破壞，眼睛也出現了毛病，體溫也高了起來，肺炎又復發了。他因此而幾乎一直沒有提筆。

他一直穿著的那件工作室的白袍被一件睡衣所代替了。他穿著它工作了幾十年，就像戰士的戰袍一樣。這時，他不得不脫下了，他說：「這件衣服現在要永遠地代替我的『迎爾蘇沁白袍了』。」

可以從中深深感到他那痛苦的戀戰情緒。因為，巴爾札克的「解甲」，卻意味著他寫作生涯的結束。等待他的絕不是詩情畫意的田園故里，而是他生命里程的盡頭，以及他深重的痛苦和遺憾！

可是，一切都不能夠了。醫生診斷他為間歇性腦炎的熱病，並且還有嚴重的心臟病。

大作家抱憾而終

　　這一刻終於來臨了，那是 1850 年 8 月 18 日晚上。夜色籠罩了整個巴黎，是人們開始夜生活的時候了。可是，今天的這個時候，他卻再也不會醒來了。他不會在兩個鐘頭以後，被僕人輕輕的叩門聲所叫醒了。他也不需要借助於黑咖啡的力量刺激自己的神經，用它驅趕睡眠而繼續工作了。

　　巴爾札克安息在自己置辦的柔軟而溫暖的床上。陪伴著他的唯一的親人，只有他年邁的母親。而他新婚的妻子，卻早已退回到了自己的房中。

　　對於他的死亡，法國著名作家維克多・雨果有過一段詳細的回憶，記錄了他最後一次探訪巴爾札克時的情景：

> 我拉了門鈴，沒有人答應我。我就拉了第二次門鈴。門開處，一個女僕手裡拿著一支蠟燭出來了，她在涕泣，她帶領我走進了地面樓的客廳，另外一個同樣涕泣的婦人說：「他就要死了，太太已經退至她的房子裡休息去了。」

　　大夫們都不知道對他怎麼辦。他們說水腫使他的心臟肌肉變了，他的肌肉和皮膚都變成了脂肪，所以沒有辦法鑽孔放水，今天早上 9 時起，他就沒有說過話，太太派人去請了一個牧師來給他舉行臨終塗油典禮，他做出了一個手勢，表明他知道到底發生了什麼事情。一個小時之後，他向他妹妹伸出了手。

　　11 時起，他的喉嚨發出了一種急切的響聲，我來到巴爾札克的臥室，他的病榻就放在房子的中央，巴爾札克躺在床上，他的頭靠在枕頭堆上，臉是紫色的，幾乎是黑色的，朝著右邊傾斜去。他沒有刮鬍鬚，他的頭髮是灰色的，剃短了的。他睜著眼睛

凝視。我看到他的側面，他很像是皇帝拿破崙。

　　一個老婦人、看護和一個僕人站在床的兩邊，看護和僕人沉寂恐慌地站著傾聽他臨死的急切的響聲。我翻開了被窩，拿了巴爾札克的手，滿手的汗珠。我緊緊地握住他的手，但是他並沒有回握，看護告訴我說他天一亮就要死。

　　我下樓時，看到那只靜立不動，沒有感覺的精製的半身像，是德‧安幾爾‧大衛為巴爾札克雕的一尊雲母石的大半身像，從那裡發出空泛的光輝，於此我不能不在死和不朽之間作個比較。

　　巴爾札克在 18 日夜裡去世了。只有他的老母親為他送行。一個偉大的天才就這樣孤寂地離開了人世。他獲得了不朽，可是他卻英年早逝。

　　1850 年 8 月 22 日，在傾盆大雨中，巴爾札克的遺體被送到拉雪茲神父公墓，這個他曾以依戀不捨的心情埋葬了高老頭的地方。前來扶靈的 4 個人是：維克多‧雨果、《基度山恩仇記》的作者大仲馬、文學批評家聖伯夫和巴羅希部長。

　　其中除了雨果是巴爾札克的摯友外，其餘 3 人沒有一個與他有過親密的友誼，而且其中，聖伯夫是巴爾札克最痛恨的敵人。然而，無論是他的對手還是他的敵人，都不得不承認巴爾札克的死是人類重大的損失。

　　在濛濛細雨中，維克多‧雨果宣讀了著名的〈巴爾札克葬詞〉：

　　我們剛下葬在這裡的這個人是舉國哀悼的偉人之中的一個，從此之後，人們的眼睛不會朝著統治者的臉孔瞧去，而要朝著思想家的臉孔看去，而整個國家也要因為這些人之中的一個的死亡而顫慄。

大作家抱憾而終

今天，民眾在哀悼一個才子的死，國家悲痛一個天才的損失。巴爾札克的姓名要留在我們這一時代所給後世傳統的一道光亮的足跡上……巴黎已經因為他的死而昏迷了……他是回到法蘭西之後沒有幾個月的時候死去的。

他感覺到他已不久人世，就想要重新看到他的國家一次，正如長途旅行的前夜，一個人要來擁抱他的母親似的。他的生命是短促的，但是這生命卻是豐富的，這位哲學家，這位思想家，這位詩人，他曾經在活著的時候經歷過一切偉人所有的充滿波濤和抗爭的生活。

今天，他已經安靜地休息了。現在他已經遠離了衝突和仇恨。進入墳墓的日子，他同時也進入了名聲的宮殿。從此之後，他要在我們地上的明星之間處，在遠離我們頭上所聚集的烏雲之上的地方光耀，這不是黑夜，乃是光明。這不是結局，而是開端。再也不是虛無，而是永生，像這一類的墳墓才是「不朽」的證明。

一代偉大的作家，在疲憊與困苦中就此與世長辭，而雨果的悼詞，正說出了全世界對這位巨人的共同評價。巴爾札克的一生啟示我們：要想在有限的生命中，在寫作上取得一定成就，沒有堅韌不拔的意志和爭分奪秒的拚搏精神是難以做到的。他無比的才華，裝滿了對這個罪惡世界的悲憤；他魁梧健壯的身體，洋溢著對生活的痛苦與歡樂。他的代表作《人間喜劇》揭露了人性中的種種醜陋，他的獨具個性的幻想與寫作，為世界文學史建立了一座豐碑。

透過《人間喜劇》，巴爾札克「提供了一部法國『社會』特別是巴黎『上流社會』的卓越的現實主義歷史」。他的作品「是對上流社會必然崩潰的一曲無盡的輓歌」，「他看到了他心愛的貴族們滅亡的必然性」。

大作家抱憾而終

附錄：巴爾札克年譜

1799 年 5 月 20 日，誕生在法國圖爾市一個在革命中發跡的中等資產階級家庭。

1803 年 4 月，被送進圖爾的列蓋公寓寄宿，他在那裡待到 1807 年。

1807 年 6 月 22 日，被送到旺多姆市的教會學校寄讀，在那裡學習到 1813 年。

1814 年 3 月，被送進以信奉天主教和君主制而著名的利辟特寄宿學校。

1816 年 11 月，進入法科學校學習。

1819 年 4 月，從法律學校畢業，他宣布要改行從事文學創作。不久，開始寫作詩體悲劇《克倫威爾》。

1820 年 4 月，完成悲劇《克倫威爾》。5 月，在家朗讀，受到非難。8 月，為了爭取經濟獨立，開始轉入流行小說寫作。

1824 年 2 月，匿名出版小冊子《論嫡長繼承權》，他在書中維護封建繼承權。

1825 年，從事出版業，其後幾年中，他又辦過印刷廠、鑄字廠等，都沒有成功，反使他負債累累。

1829 年 3 月，長篇小說《舒昂黨人》發表。同年，發表《婚姻生理學》、《蘇城舞會》等作品。

1830 年 1 月，寫中篇小說《高布賽克》。發表短篇《劊子手》。

1830 年 2 月，觀看雨果的戲劇《歐那尼》在法蘭西喜劇院的首次演出，後曾撰寫評論。

1832 年 2 月，發表短篇小說《委託》、中篇小說《委費爾米安尼夫人》和《夏倍上校》等作品。

1833 年 1 月，與韓斯卡夫人開始經常通信。《鄉村醫生》單行本出版。

1834 年 4 月 9 日，《巴黎雜誌》開始刊登長篇小說《高老頭》。

1835 年 1 月，《哲學研究》一版出版。3 月，長篇小說《高老頭》單行本出版。

1836 年 1 月 3 日，發表短篇小說《無神論者做彌撒》、《法其諾‧加奈》、《幽谷百合》、《老姑娘》等。

1837 年 2 月，發表長篇小說《幻滅》的第一部《兩詩人》。

附錄

1839 年 9 月，發表長篇小說《古物陳列室》結尾部分。

1841 年，發表長篇小說《無頭公案》，發表中篇小說《兩兄弟》等。

1842 年 4 月，《人間喜劇》第一卷開始出版，第一卷中刊載了作家自己寫的長篇前言。發表《攪水女人》中的第二部分《一個內地單身漢的生活》。

1842 年，在《人間喜劇》第三卷中發表中篇《三十歲的女人》。

1843 年 3 月，發表短篇小說《奧諾麗娜》和《外省詩人》。

1843 年，在《人間喜劇》第八版中第一次發表長篇《幻滅》。

1844 年，發表長篇小說《謙遜的密尼永》、《農民》和《蓓阿特麗絲》。

1845 年 9 月，發表短篇小說《經紀人》、《貝姨》。

1847 年，發表長篇小說《邦斯舅舅》。

1850 年 3 月 14 日，巴爾札克與韓斯卡夫人在烏克蘭結婚。

1850 年 8 月 18 日，巴爾札克去世，享年 51 歲。

法國小說之父巴爾札克：

社會鷹眼，看穿階級與金錢的糜爛塵世；筆底流光，兩千凡人無非是主角

編　　著：李詩禹，熊偉

發 行 人：黃振庭

出 版 者：崧燁文化事業有限公司

發 行 者：崧燁文化事業有限公司

E - m a i l：sonbookservice@gmail.com

粉 絲 頁：https://www.facebook.com/
　　　　　sonbookss/

網　　址：https://sonbook.net/

地　　址：台北市中正區重慶南路一段六十一號八
　　　　　樓 815 室
　　　　　Rm. 815, 8F., No.61, Sec. 1, Chongqing S. Rd.,
　　　　　Zhongzheng Dist., Taipei City 100, Taiwan

電　　話：(02)2370-3310

傳　　真：(02)2388-1990

印　　刷：京峯彩色印刷有限公司（京峰數位）

律師顧問：廣華律師事務所 張珮琦律師

定　　價：299 元

發行日期：2022 年 09 月第一版

◎本書以 POD 印製

國家圖書館出版品預行編目資料

法國小說之父巴爾札克：社會鷹
眼，看穿階級與金錢的糜爛塵世；
筆底流光，兩千凡人無非是主角 /
李詩禹，熊偉編著 . -- 第一版 . --
臺北市：崧燁文化事業有限公司，
2022.09

　面；　公分
POD 版
ISBN 978-626-332-646-0(平裝)
1.CST: 巴爾札克 (Balzac, Honoré
de, 1799-1850) 2.CST: 　作　家
3.CST: 傳記 4.CST: 法國
784.28　　111012251

電子書購買

臉書